和自己，相愛不相礙

好好吃飯、好好睡覺、好好愛的正念生活

suncolor
三采文化

正念是一種透過當下刻意的集中注意力，
一刻一刻，不帶批判地揭開由經驗所產生的覺察。
（Kabat-Zinn, 2003, p.145）

An operational working definition of mindfulness is: the awareness that emerges through paying attention on purpose, in the present moment, and nonjudgmentally to the unfolding of experience moment by moment (Kabat-Zinn, 2003, p.145).

Kabat-Zinn, J. (2003). Mindfulness-based interventions in context: Past, present, and future. Clinical Psychology: Science and Practice, 10(2), 144–156.

CONTENTS

目錄

推薦序／無入而不自得　台灣正念工坊執行長　陳德中　10
楔子／曾經，我是這樣不快樂　12

第1章　靜靜地與自己相處
—安頓—

喝海水不會解渴　20
只要和自己是好朋友，什麼事情都沒了　24

不再害怕孤單與寂寞 32
拉住失速的情緒 38
可以，但是等一下 52
一個人的遊樂場 56
別人無權為我打分數 60
接納自己，讓心自由 67
靜靜地和新的信念同在，讓它變成我的一部分 76
腎上腺素飆起來的那十八分鐘 84
安然度過內心的恐懼 91
斷開向下螺旋 98
不曉得活著要幹什麼 102
意念構築你的世界 107
多巴胺的浪漫 114

第2章

找出問題的根源

—洞察—

啟動同在模式 122
從一片樹葉移到整片森林 128
一本愛的練習曲 134
陪伴內心的恐懼 141
擺脫恐懼的無限迴圈 148
走出生存恐懼 156
當他人的話如芒刺在背時 165
心情好，世界自然美好 176
沒有過不去的坎 188
真正的答案 194
以好奇擴展生命 200

第3章

擁抱自己與世界

——連結——

陪伴氣噗噗的自己 208
來到面前的都是好事 220
想像我已經擁有了 227
前世的仇人 232
愛你本來的樣子 239
原來，愛並非理所當然 248
勇於和美好說再見 255
接受，會引領你做最好的決定 262
伸出手，是給也是得 269

後記／正正地與你相遇 274

推薦序

無入而不自得

台灣正念工坊執行長　陳德中

對很多人來說，人際互動是個壓力來源，向眾人說話更是焦慮之首；只是，不知你是否已留意到，即使獨處，面對自己內心也不是件容易的事。大部分人就算一個人在家，也常滑著手機或看著電視，若要一個人在獨自空間裡醒著卻什麼都不做，不看手機、電腦、電視、書本、報刊……當然也不能跟人聯繫，我想大部分的人不到一小時就受不了了（這也就是為何軍隊的禁閉室是最令人害怕的處罰之一）。

所以人類很有意思，面對繁多人事時感到壓力，自己獨處時又覺得空虛，那到底要怎麼樣呢？

其實以上兩個極端看似相反，但在本質上卻是一體的兩面。越能在獨處時好好跟自己在一起的人，也越能在面對外界人事時保持安然自在，因為，把內心安頓好了，你自然就「無入而不自得」了。記得很久以前曾聽聖嚴法師說過類似的話：「隨時可靜，隨時可動；隨時可動，隨時又可靜。動靜皆自在，才是世上最喜悅自得的人。」

那該怎麼實際做到呢？郭葉珍老師的新書《和自己，相愛不相礙》當中，就提供了重要的指引，關鍵方法則為正念（Mindfulness）。

我跟郭葉珍老師的相識很有趣，一開始是她的女兒先來上我的正念八週課，後來她成為我臉書粉專的粉絲，我也成為她臉書粉專的粉絲，有點像網友但從未謀面。直到幾個月前，她突然私訊我，說有些人生議題想來找我聊聊，結果我們一見如故非常投緣，就像認識多年的老友般。很高興她要出第二本書了，她第一本書叫《我們，相伴不相絆》，這本書則為《和自己，相愛不相礙》，實際上，若真的想跟他人「相伴不相絆」，就得先做到和自己「相愛不相礙」，在此鄭重為序推薦之。

楔子

曾經，我是這樣不快樂

生完小孩後，我覺得自己很胖、很醜，因此而很不快樂。我深信只要去抽脂，就會變瘦、變美，也會因此而變快樂。即使所有人（包括醫師）都告訴我，得要整體瘦才是真的瘦，局部抽脂沒用，但那個執念超強的，我硬是非得去抽脂不可。

做完手術後，我的確有變美一下下，也有開心一下下，但是開心的時間沒有維持太久。

離婚後，我好怕一個人就這樣孤寂終老，想要再有個伴侶。然而一直都沒人追求，我又起了執念，是因為我太胖嗎？即使上一次抽脂手術的恐怖記憶猶存，下半身雖然有麻醉，但仍然可以透過身體被扯動，感受到機器正暴力地破壞著我的身體。然而，我仍然中邪似地深信做完手術後我就會變瘦、變美、變快樂。完全忽略上次抽脂手術後，變美只有一下下、開心也只有一下下的經驗。我甚至還加碼雷射臉上的皮膚、腳毛、腋毛，甚至割眼袋，無視身體因醫美手術所產生的各種疼痛。

花大錢做醫美並沒有讓我覺得自己變美了，身體的不完美反而像是被照妖鏡放大般，隨著歲月一一現形。

念博士時，我心臟的狀況很糟。醫師說我壓力太大，睡眠不足，自律神經失調。我勉勵自己，再撐一下！再撐一下就海闊天空了。我答應自己拿到博士以後，我一定會躺在床上睡三個月，絕對不寫論文，而且每天看電視、看電影，把失去的樂子報復性地通通補回來。

雖然拿到博士那天我很開心，只不過開心沒兩天，我又開始擔心少子化會衝擊到自身在私立大學的教職。於是我並沒有躺在床上睡三個月，更沒有看電視、看電影，很快地，我又開始拚命寫論文，投稿頂級期刊，想盡辦法躋身進入國立大學任教。

拚命寫論文，投稿頂級期刊的那段日子，在學校仍然要教學、做行政，在家仍然要煮飯、照顧小孩，我的壓力更大，睡眠更不足，自律神經失調更嚴重。我勉勵自己，再撐一下！拿到國立大學教職以後，我一定會躺在床上睡三個月，絕對不寫論文，每天看電視、看電影，把失去的樂子報復性地通通補回來。

拿到國立大學聘書的那天，我的確很開心，只不過開心沒兩天，我又開始擔心不升等會不會讓人看不起？我並沒有真的在床上睡三個月，更沒有看電視、看電影，我繼續拚命寫論文，投稿頂級期刊，想盡辦法升上副教授。

後來爸爸過世了，生命的逝去在眼前發生，讓我清醒過來，問自己：這一輩子我好像從沒安心過，樂子也沒享過，連在蒙特婁的那幾年，我也只是喝那邊的水，呼吸那邊的空氣，根本沒玩到。如果我像老爸那樣得了癌症六個月後離開人世，我會不會像李安電影《飲食男女》裡的老朱一樣，感嘆生活的好滋味，誰真的嘗過了？

我知道自己不快樂。試過把自己變美，但沒有變快樂；試著把自己變強，一樣也沒有變快樂。不是說好了，只要努力就會變快樂嗎？為什麼沒有呢？

後來在因緣際會下，我任教的大學創立兒童正念學程，我是學程委員會的一員，為了做好這個工作，我四處去學正念。透過正念認知療法的學習，這才了解到，我的不快樂是因為被腦部機轉所控制了。腦部的海馬迴負責記憶，杏仁核的工作則是保證我們的安全。但有時候海馬迴記得的事情，已經不適用於現在；杏仁核覺察到的威脅，往往又會反應過度。於是，這些機轉妨礙了我做明智的選擇。變胖時，我太害怕被笑；沒有伴侶時，我太害怕會孤寂終老；不夠努力時，我太害怕自己會被社會所唾棄，所以我一直爬、一直爬，爬到身體都快要累死了還不敢停。

懂了腦部的運作機轉後，我用人類特有的前額葉告訴自己：一個人生活也很好，除此之外，台灣的健保制度和我的專長絕對不會讓我餓死，真的不需要再犧牲身體健康、冒著生命危險，為了不存在的恐懼而爬。

現在我的生活仍然會時時碰到逆境，恐懼、忿怒也照樣會襲擊我，但透過正念認知療法的每日練習，我不再輕易被捲入波瀾中。吃好好、睡好好，過著一秒變豐盛的生活。我慈悲自己，寵愛自己，享受著深深被自己所愛的感覺。

《和自己，相愛不相礙》這本書並不是要教你學會正念，要完整學會正念需要經歷八週完整課程，才能學到基本的概念，而且還需要有老師在一旁帶著你做，才能夠從被帶領中親身體驗到什麼叫做接納、不評價、如其所是。

這本書是我將正念認知療法，運用在日常的人際互動與家庭生活中，一篇一篇的故事能讓你窺見，我是如何從正念練習中獲益，陪伴我的朋友、個案與學生成長。

期待看完本書後，你也和我一樣願意去學習正念，和我一樣過著吃好好、睡好好、一秒變豐盛的生活，並且慈悲自己，寵愛自己，享受著深深被自己所愛的感覺。

第1章

靜靜地與自己相處

—安頓—

靜靜地與自己相處，
不急迫、不煩躁，更不用介意他人的眼光，
就是靜靜地陪伴、看著。

—安頓❶—

喝海水不會解渴

有多久沒好好地陪伴自己了？
現在把手機放下來，
好好地吃頓飯，好好地和自己在一起。

人生活在世界上，難免被諸事纏身，像我前一陣子就是，咖啡越喝越多，食物越吃越多，吃飯和睡前滑手機的時間也越來越長。這天吃飯時，我忽然覺得不對勁：「我在吃什麼？」原來，我根本沒注意到自己在吃什麼，只是無意識地把東西放到嘴巴裡，無意識地滑著手機而已。吃了什麼，看了什麼，我都不記得。

這才發現，之所以咖啡越喝越多，食物越吃越多，都是因為我一直沒有真正地吃到東西。即使肚子飽了，身心卻仍覺得餓，仍然感到不滿足，於是就塞進更多的食物，看能不能得到滿足。此外，我把注意力都放在外面的事情，我的身心很久沒被自己正眼看過了，我可以感覺到自己被忽略了，只能用暴飲暴食填補空虛，彷彿這麼做會讓自己舒服一點。

覺察到自己被自己棄之如敝屣，我趕緊關掉手機，好好地陪伴自己吃飯；感受牙齒寶寶切著食物的實在感，打開味蕾品嘗食物的好滋味，感受食物通過食道進到胃裡的飽足感。

這時坐在對面、也正在滑手機的兒子忽然抬起頭，看到我空著沒在幹麼，便隨口聊起最近他和女朋友要去上的設計課，我好奇地問他為什麼想要去上、要多少錢、學什麼，聊著聊著又引發其他話題，母子倆聊得很開心；女兒看到我們在聊天，遂也坐下一起聊。

這頓午餐吃完，我感覺自己真的飽了，不只身體飽了，心理也飽了。

現代人的任務一個接一個，而那些任務彷彿是快要爆裂的炸彈，讓你不得不把注意力放在炸彈上，其他不急的事，即使重要，仍是一概忽略。於是我們忽略了自己的身體，忽略了自己的心理，也忽略了家人。我很懷疑如果我沒有把手機放下來好好吃飯，什麼時候我才會知道兒子和他女友要去上設計課？我又怎麼有機會知道他最近在想什麼？如果我的眼睛一直盯著手機，他會好意思打斷我嗎？

暴飲暴食，其實是因為我們被「急但不見得重要的事情」淹沒了，沒有好好地和自己連接；和家人疏離，也是因為我們被「急但不見得重要的事情」淹沒了，沒有好好地和家人連接。

如果你總是看著手機吃飯，你的身心不會感覺到自己在吃東西，即使吃很多，還是覺得餓；如果你總是看著手機吃飯，即使和家人同住一個屋簷下，你還是沒感覺和家人在一起，還是會覺得寂寞。

滑手機和喝海水一樣，不會解渴。**把手機放下來，好好吃飯，好好和自己在一起，好好正眼看著家人並且說上幾句話，這樣你的身心才有可能得到真正的滿足。**

—安頓❷—

只要和自己是好朋友，什麼事情都沒了

平常就要練習和自己相處不無聊，
和痛苦相處不遷怒。

接到修改論文的通知，發現審查者給了多達十二頁的意見，雖然我感謝他這麼佛心，願意花時間讓我的作品變好，但看到自己不足的地方，對自尊心也是很大的挑戰，尤其是被問到答不出來的時候。所以一整天，我的壓力超大。那天傍晚和朋友聚餐，聊起了壓力這事兒，我跟她說，我覺得兩個人一起生活所需要的功力，要比一個人高很多。

為何這樣說呢？因為人在嬰兒時，尿布濕了得有照顧者幫自己換尿布才會舒服；在幼兒時期，東西拿不到也得要有比自己高的人來幫忙拿才行。於是很多年下來，人們都在等待別人拯救，視別人為自己解決問題為理所當然，於是和痛苦、渾沌的相處能力偏低。在不舒服的時候，還有可能會退化得像孩子一樣，覺得別人「應該要為我的不舒服負責」。

覺得不合邏輯嗎？我在學校有一門課叫「婚姻研究」，探討婚姻的各種議題。眼尖的學生會發現，如果遇到像孩子重病、喪子或不孕等不如意的事件，夫妻理應是最能彼此支持的人，但往往共同經歷這些事件的伴侶，卻是離婚的高危險群。這是為什麼呢？因為只要一個人心情不好，另一個人就可能會「掃到颱風尾」。

而這種會掃到颱風尾，或兩人一見就吵的狀況要如何化解呢？有趣的是，**兩個人要相處得好，你得先跟自己和好**。

好幾年前，我在印度一個練習病痛死亡的工作坊幫忙翻譯，當時接到這個翻譯任務時覺得超怪，病痛死亡要怎麼練習？有需要練習嗎？直到實際翻譯給學員聽時，才學到原來練習獨處，練習與病痛及死亡共處有多麼重要。畢竟沒有人可以幫你病、幫你痛，加上要是疾病與障礙限制了身體，讓你無法隨心所欲、愛做什麼就做什麼時，心情會更不好，而這些經歷都沒有人可以代替你。這時如果你還到處罵別人、怪別人，那麼照顧你的人遲早跑光光，最後只會更寂寞。

因此，你，對，就是你自己，**平常得練習和自己相處不無聊，和痛苦相處不遷怒**。但這究竟要怎麼練習呢？

短期來說，可以做讓自己身心舒服，和自己有掌控感的事來減壓，好比今天我有長達十二頁的論文回饋要修改，但又覺得不想面對時，就可以採取「逃避不可恥，也很有用」的做法。先去弄個起士蛋糕來吃，然後看韓劇《愛的迫降》，快轉到玄彬和孫藝珍的場景，反覆看一百遍來讓自己身心愉快；或者用 Switch 健身環做個高強度運動，將注意力轉移到身體上，享受一下破關的爽快感；最後再寫篇自己有掌控感的文章……等我身心舒暢，也感受到掌控度恢復以後，能量便到達可以處理壓力事件的滿格狀態。

而長期的方法，就得回到喜歡自己的這件事上。因為做正念認知療法的身體掃描，和自己的身體慢慢熟識，加上我認為身體的各個器官、細胞與分子都是宇宙大爆炸後，聚集在一起共同體驗人生的產物，因此我會把我的每個部分都當作伴侶、當作團隊的一員，了解並支持他們，而他們也了解與支持我，這讓我感覺到自己並不孤單。

如果光這樣想像有困難，你也可以想像你是國王，身體是子民；你是家長，身體是小孩；你是老闆，身體是工作同仁；或許可以讓你比較容易激起慈愛心。另外，**我也會練習接受生活中各種不如意的事，視無常為日常。一旦有什麼感覺進來，無論是孤單、痛苦還是憤怒，我都會意識到這只是一個感覺，會來也會走，不需要隨之起舞**，譬如不必去罵伴侶或罵小孩，這樣才不會招來更多的情緒與不如意。

看到更寬廣的可能性

懂得與自己相處，才有可能看到更寬廣的可能性。記得有位學生來找我諮詢，他一副無奈的樣子說：「我其實很滿意現在的生活，可以應付學校課業，家裡的生意也幫得上忙，晚上還有一份全職工。只是因為修課的規定，一定要來找老師諮詢，所以我不想來都不行。」

看他時間都塞滿了工作，我好奇他平常的休閒是什麼？他說：「沒有啊，我的工作就是休閒，休閒就是工作。」雖然我覺得除了睡覺之外都在工作，沒有容許其他可能性的空間將會是問題，但學生覺得沒事，我也沒多說什麼，反正有問題他會再來找我。

後來這位學生生了一場大病，家人貼心地不讓他幫忙生意了，同學更是體諒地把團體作業都分掉，於是他只剩下一份晚上的工作，但連這一點工作都即將消失了，因為同事們非常體恤他，不需要他做些什麼。因此，他大大地恐慌起來，發現沒了工作，自己什麼都不是。更糟糕的是，就算他試圖尋找工作以外的興趣，卻又發現自己對任何事都沒興趣。於是他再度來找我諮詢。

我說：「這聽起來並不意外，畢竟你把工作看得這麼重，工作成就感又這麼大，當然會對其他事情興趣缺缺。」

他說：「那我豈不是只能等身體好再工作？這樣好無聊！」

我說：「聽起來是這樣沒錯。但我看到一些隱憂，不曉得你有沒有興趣聽？」

他說：「好啊。」

我說：「未來等你退休不再工作的時候，你現在所感受的無聊，將會重新出現，而且持續到入棺材為止。」

他說：「那我就做到死。」

我說：「那如果你病了，身體不允許你做到死呢？」

他瞬間沉默了。

我說：「像你滿心都是工作，容不下慢慢地享受一杯茶、看看天空的時間，你覺得未來有辦法看到伴侶、孩子的優點，欣賞他們的存在嗎？**欣賞、感恩與享受也是一種能力**，如果沒有從現在開始培養，到時候你的孩子和伴侶將會感覺不到你的溫度，搞不好你真的會窮到只剩下錢和工作。」

他說：「老師妳講得有道理，可是我個性急啊！這樣慢慢摸索真是要我的命。而且，妳說的這些都離我太遠，什麼小孩啊、伴侶啊，我現在沒辦法想那麼多。」

我說：「其實慢下來，對工作也是有好處的。一個成功的企業家，需要具備冷靜且細微的觀察力，同時又能從制高點綜觀全局，才能看清企業的優勢與商機。你目前的工作模式都是快速地回應與處理，只用到體力，沒用到腦力，沒法做長遠的規劃。如果不趁現在養成細細品味、綜觀全局的能力，隨著你的勞動力降低，將來也不再會有工作優勢。」

果然只有提到工作他才會認真起來，開始問我這些能力該怎麼培養。

「很簡單，你可以去買一顆茶葉蛋，坐在操場上，用心品嘗每一口的滋味，這樣你就培養了細緻品味的能力。再把注意力擴展到你所看到的校園，看看今天的雲、走過身邊的老師和學生，觀察他們的衣服，你就會發現那些你平常沒有注意到的事，也就培養了綜觀全局的能力。」我說。

我們總是擁抱著社會所讚賞的價值，對孩子或是自己除了要求功課、工作要有成績外，動作更是要快，這就如同那些被遮住眼睛的馬，只知往前走，卻沒有看到更高、更廣闊的可能性，也沒有看到這樣對孩子、對自己的未來會產生怎樣的麻煩與限制。

如果可以的話，請停一下，欣賞你眼前這位慢吞吞、功課不怎麼樣、問題一大堆的小孩；同時也欣賞一下有時想要放空、放慢腳步的自己。**把眼光放遠，允許享受、允許坐著無所事事，這樣，才會得到身而為人的快樂，也才不會只有一時成功，卻在未來迎來不可知的困擾。**

—安頓❸—

不再害怕孤單與寂寞

隨著與自己的連結越來越深，
我感到越來越安定，
孤零零活在這個世界上的感覺越來越淡了。

害怕孤單與寂寞是推動人們採取行動的重要原因，譬如壓抑自己去順服別人、譬如想找個伴侶……而我也不例外。

在兩個孩子逐漸成長、有自己的伴侶後，我開始擔心會孤獨終老，於是有了想要尋找伴侶的念頭，但一直都沒有相應的人出現。然而這個議題，在我學正念認知療法以後逐漸消失了。不是說正念認知療法有教這部分，但我的確是在不斷地正念練習中，解決了恐懼孤單終老的議題，並且交到了陪伴我一生的好朋友——我自己。

這個與自己交朋友的過程不容易，畢竟我們從小便習於從外在的物質世界來得到滿足，神經路徑也是透過與身邊的人、網路世界、食物連結，以獲取身心的滿足，因此我和自己根本就不熟。

剛開始學正念認知療法的時候，我一直覺得怪怪的，不曉得做那些正念認知療法提到的慢慢品嘗食物、身體掃描要幹麼，尤其覺得打坐更是無聊。所幸我跟《射鵰英雄傳》的郭靖很像，不懂沒關係，反正先信了再說。就這樣抱著不疑的心傻傻練，慢慢地，發現跟自己越來越熟了。

味覺因為慢慢吃東西而變得敏銳，可以發現食物分解後的變化，還有從食道進入胃裡的感覺。拜託！我之前只在腦袋裡「知道」有食道和胃，直到痛了才會「感覺到」它們真實存在。由此可知我和身體的關係不太友善，總覺得它會幫我做事沒錯，但是又哭又叫的實在很煩。然而，自從我開始慢食，漸漸用不著吃那麼多，變瘦之餘，美味感還大大提升。

正念認知療法教導人要覺察自己的念頭和感覺。雖然遇到問題時，忍不住會想依賴他人，期待有人能傾聽，但每個人都有不同的成長歷程，儘管你希望伴侶或朋友能理解，但他可能會說你的痛苦不算什麼、或很難抓到你的感覺，討拍不成反被打臉，反倒讓自己的孤單加了三級。

以前我的感覺很粗略，念頭也是模模糊糊的。靜下來覺察以後，我對自己變得比較慈悲，心情不好時，能像是對待孩子一樣，好好傾聽自己的聲音，也能搞清楚來龍去脈，從根源把死結打開。慢慢地，生活中那些困擾我的事變得比較少了。

透過各種正念練習，觀察與體會身體的變化、心裡的念頭和感覺，我既像個老師了解學生的困難，又像個家長能疼惜孩子的痛苦。幾年下來，我跟自己的各個部分與層面變得熟識，彷彿身邊有個忠實的老朋友，只要你好好對他，他就會好好對你，這要比實體人來得可預期多了。

隨著與自己的連結越來越深，我感到越來越安定，孤零零活在這個世界上的感受則越來越淡了。

不曉得你能否覺察到我們都以某種方式連結著。在你需要的時候，只要發出訊息，遠方那個與你並非實體相識的我就會被叫起床，把經驗寫下來陪伴你。你說，你真的孤零零活在這個世界上嗎？看來不是。**如果願意打開與物質世界連結以外的管道，你會發現其實自己並不孤單。**

不需要學習一個人生活，享受就可以

學會好好吃飯之後，我發現生活也默默起了變化。

我們全家都是吃貨，為了餵飽大家，原本到大賣場搬貨都是快十張小朋友（千元大鈔）出走，才能囤滿家裡兩個冰箱；儘管如此，還是一下就消化完，又得跑一趟大賣場。後來為了確保孩子即使與我同住，也不會被動變成靠媽族，我們開始了一家分三組開伙的日常。大包裝食品不再適用，我比較少到賣場了，轉變為蹭小孩食物的生活。

女兒長期觀察我煮飯的模式，也跟著一煮就是煮了一卡車，讓我開冰箱就有得吃。但隨著女兒工作地點轉換，離家太遠，沒時間煮飯；而我的行程又密集到沒時間自己煮（根本就是懶），最近演化為靠外送覓食。每天最大的娛樂則是逛網站找好吃的、或沒吃過的美食，享受默默才寫論文沒幾個字，食物就親送到家的服務。

除此之外，因為學了正念，早已經體驗到細細品嘗食物，要比囫圇吞棗好上一萬倍的滋味。上回到宜蘭演講，五個小時的演講拆成下午和晚上，趁著中間三小時的空檔，我跑去吃到飽餐廳，驚豔於一個人靜靜拆螃蟹的美味，不用忙著跟人家說話，更能專心致志於品嘗食物的味道。從此開始了自己一個人去享受美食的習慣，靜靜地與食物相處，與自己相處。

當我哥知道我竟然一個人跑去台北美福吃中餐，他不解地重複拋出問句：「一個人去吃到飽？一個人去吃到飽？」

的確，用餐時一整個大廳人聲鼎沸、杯觥交錯，當中有一個人靜靜地拆著四隻螃蟹，看起來的確很違和，引來陌生人的好奇心也是必然。

回頭想想，人打從一出生就是一個人來的，為了進入社會，很長一段時間都在努力學會與群體共處；但隨著生命階段的推進，原本為共生體的家人，也會有自己的發展任務，無法同步，到了這個階段，又得回頭努力學會與自己相處。

與我同齡的朋友們有時會唏噓，不得不學習一個人過生活。

仔細想想，無論和群體或和自己共處，其實根本不需要「努力」。需要努力是因為留戀與固著過去，心中有個應該要如何才叫幸福的藍圖。如果能夠放下過去的習慣與擔心未來孤寂終老，用「享受」的心情與現在相遇，日子一樣過得有滋有味。

—安頓❹—

拉住失速的情緒

把心帶回呼吸的能力越練越好，
就不會明知會後悔，仍衝動說出不該說的話。

我常透過打坐的方式來與自己相處，時間不一定要很長，也沒有地點限制，有時就是利用乘車的空檔。

常有同事或朋友不懂打坐到底在幹麼，或者有什麼好處？就像上次和同事阿傑出差，他看到我抓住空檔在打坐，就好奇地問：「打坐不就是坐在那邊而已？不會無聊嗎？我光是搭捷運坐在那兒，啥事都不能幹就很無聊，還會一直想滑手機，所以，妳打坐的時候到底在想什麼？為何妳打坐脾氣會變好？」

我說：「我脾氣有好嗎？光是看到教宗被拽手的新聞我都氣到要發文了，我可不會說自己是個好脾氣的人。」

阿傑說：「可是感覺妳的情緒很穩定，不會亂發脾氣。」

我回答：「我還是會發脾氣，只是比較不會『亂』發脾氣。這樣說好了，我的笑點很低，看到不公義的事情也會生氣，可是我會很敏感地意識到我快要暴走了，於是會告訴自己：『停，想一下怎麼做最好。』然後才行動。所以，我會發脾氣，可是我不會亂發脾氣。」

阿傑又問：「可是為什麼打坐就可以不『亂』發脾氣呢？」

「這就和你問的打坐會不會無聊有關了，」我說：「打坐很忙吔！要把注意力放在呼吸上，如果覺察念頭飄到等一下要吃的臭豆腐，我就會輕輕地把念頭帶回來呼吸。但因為打坐是靜靜的嘛，很容易覺察到自己身體細微的痛，會忍不住去想，啊，我是不是得了什麼病？要不要去做檢查？萬一我死了，孩子要怎麼辦？然後覺察到自己的小劇場又要開演了，我就會再輕輕地把念頭帶回來呼吸上，以免繼續演下去會變成人倫大悲劇。所以你說打坐忙不忙，忙啊！」

阿傑：「好吧，打坐很忙。但我還是不懂為什麼打坐可以讓妳不亂發脾氣？」

我說：「這就像肌肉越練越大，能夠提的東西也就會越重。常常打坐，覺察自己快要失控的速度也就越快，不會等到已經氣到要爆炸，拉都拉不住的時候才去拉。除此之外，打坐也會常常練到把注意力帶回來呼吸的『腦部肌肉』，因為常常練，把注意力帶回來呼吸的能力也就越好，不會拉不住，不會眼睜睜看著自己像猛虎出柙，明知會後悔還是說了自己不該說的話、做了知道不該做的事。

「再舉個例子好了，譬如你肚子很餓，點了一碗不辣的牛肉麵，結果來了一碗很辣的牛肉麵。如果是平常沒有在練的人，就會直接用小腦反射飆罵，但這樣罵真的有比較好嗎？不見得。對方被你罵，感到沒自尊，可能會跟你爭辯誰對誰錯，你還是吃不到牛肉麵。就算馬上換碗不辣的給你，難保工作人員不爽，在廚房裡對你的牛肉麵吐口水。」我繼續說。

「而有練的人雖然也是會生氣，卻有能力覺察自己發怒了，也拉得住，會停一下，然後以溫和而堅定的方式跟對方說：『這不是我點的，抱歉我很餓、已經十小時沒吃東西了，可以麻煩你用最快速度再給我一碗不辣的牛肉麵嗎？』每個人被罵都不爽，更可能會不管你的死活，但如果你講出你的脆弱、你的餓、你的痛，反而會激起人的慈悲心、激起想照顧你的心。」

阿傑說：「那麼打坐會變聰明、會更知道人類的心理嗎？」

我說：「不會。」

阿傑說：「不會？可是我看妳平常在處理危機都很有智慧啊。」

我說：「那是讀書讀來的、觀察人性所得來的。你沒看武俠小說裡那些打坐練功的壞人一樣會害人嗎？打坐頂多是爭取時間讓你做出最好的選擇而已，並不會讓你比較好心。不過話說回來，光是能夠練到不衝口而出，或是不做出不能挽回的事就很了不起了，不是嗎？所以每天即使是通勤時的五分鐘，都會抓緊時間練我的腦部肌肉。」

阿傑：「聽妳這麼一說，我對打坐不會那麼害怕了，就像我在健身房練肌肉一樣，就是練嘛，不用想太多。」

我說：「對啊，就是練嘛，打坐沒有在『想』什麼，只有練而已。」

鍛鍊前額葉，不與情緒糾纏

打坐讓我們不會亂發脾氣，更能培養理性決策思考的能力，穩住情緒而不暴衝。這也是我給朋友梅芳的建議。

梅芳的爸爸已經無意識地臥床了好一段時間，不過當她拿紫微斗數命盤來給我看時，卻是要看媽媽的命盤，她說：「我爸爸反而比較好照顧，但我媽就難了，她老是叨念這家怎樣、那家怎樣，可是大家都忙，我又不認識她說的人，誰會有心思聽她講那些不認識的人的閒事呢？但要她講點別的，她就不開心，講電話時一直抱怨我們不聽她說話，卻又不肯掛。還有人家在忙抽痰，她就偏要擠在旁邊又拍又打，我爸都沒意識了，拍打有什麼用呢？所以我想知道，她怎麼會有這些奇怪的反應。」

我原本猜想，是不是失智症的前兆？但又不太像。因此大概問了一下梅芳媽媽的生活，以及她爸爸生病前的夫妻相處模式，最後排除了失智的可能性。然後我把我看到的跟梅芳說：「妳口中的媽媽，很像幼兒園的小孩，比較自我中心，叨叨絮絮地講不停，不會管妳聽不聽得懂，也不會管妳有沒有興趣。如果想要做的事受到阻礙，就會毫不遮掩地丟出來，沒有溝通的意圖；若想表達她喜歡妳或想照顧妳時，只會又抓又捏又打臉，不會控制力道。妳媽以前就這樣，還是最近才變嚴重？」

梅芳說：「從以前就這樣。她幫我爸換藥的時候就像個小孩，不專心、隨便，還一直講話。」

我說：「聽起來那就是她的個性，不是一天兩天的事情。之所以現在會爆發，是因為以前的戰場是在妳爸媽之間。現在妳爸臥床了，所以戰場移到了醫院而已。」

梅芳說：「我想我媽應該是改不了了，那我該怎麼調適？每次她來醫院我整個神經就繃得緊緊的、如臨大敵，不曉得她等一下又要幹麼了。」

我說：「可以試試把妳媽當幼兒嗎？」

梅芳說：「都幾歲了怎麼把她當幼兒？」

我說：「從妳的描述中，我感覺妳爸應該是個教官形象的男人，講話很大聲，所有人都要照他的意思做，而他也把大小事照顧得很好。妳想有沒有可能，妳媽因為這樣就定格在幼兒被管、被照顧，所以不用長大的狀態？加上老年後大腦功能退化，她就更像幼兒了。如果妳能用幼兒的標準去要求她，或許比較不會因為期待的落差覺得火大。」

梅芳說：「我也想不要火大啊，但每次看到她的行為時，我整把火就燒起來。」

我說：「那有沒有可能是妳太累了？還記得妳兒子小時候不收玩具，有時候會覺得『啊，算了算了』，有時候則是暴怒到妳老公問說：『有那麼嚴重嗎？』會有如此的差別，其實和妳的身心狀況有關。情緒是要來保護妳的，當妳容易暴怒時，就是身心在說我需要被拍拍。試試看吃好、睡好，找朋友去吃下午茶、做spa、上瑜伽。

「試著在照顧爸爸之外還有自己的生活，讓自己有成就感。當妳把身心弄得舒舒服服，往後即使看到媽媽有什麼脫軌行為，也就不會那麼容易生氣了。另外，練習打坐也是一個好方法。」

梅芳問：「打坐可以讓我不整把火燒起來嗎？」

我說：「會啊，因為打坐的時間越長，管理理性決策思考的前額葉灰白質就越厚、越厲害。如果這部分沒特別去訓練，很容易衝口而出或做出讓自己後悔的事。**我自己做了正念練習後發現，碰到衝突時，我的腦袋好像都會到前額葉去走一圈，所以多了些理性，有能力在權衡利弊之後勒住**

舌頭、停下攻擊。」

如果你也經常情緒暴衝，不妨試試看：

找個地方好好坐著，把注意力放在呼吸。

有念頭、有情緒來時，看到就好，不去跟它們糾纏。

發現自己開始東想西想時，再次輕輕地把注意力帶回來呼吸。

每天沒事就做個幾次，你會發現自己好像不斷地在充電，心情也會比較輕鬆自在，比較不會覺得眼前的事情正在失控。

正念小故事❶

拿掉內心的排斥

好幾年前，我勉勵自己，除非是要載人載物，否則就得搭捷運以保護地球。但剛開始搭捷運上下班超級痛苦的；有些人的味道很重，也有人講話很大聲，有時候則是在尖峰時間被貼太近感到很不舒服。

在臭味、聲音與被太貼近的攻擊下，搭捷運對我而言彷彿是一場戰爭，一天的精力在通勤時就用完了，下捷運時已經沒剩多少力氣了。

後來學了正念，知道人類的痛苦多來自於心裡有批評，碰到不喜歡的事情就想要逃避。

味道雖然讓人不舒服，但如果拿掉內心的批評和排斥，味道就只是味道而已；聲音太大聲雖然讓人不舒服，但如果拿掉內心的批評和排斥，聲音就只是聲音而已；

被貼太近雖然讓人不舒服，但如果拿掉內心的批評和排斥，距離很近就只是距離很近而已。

於是我在捷運上開始了我的修行：

① **接受**：覺察並接受自己有批評和排斥的心情。

② **換個想法**：我相信物質界所有的東西都是一體，或許眼前這個被我討厭的人曾經是我的一部分，甚至是我的家人。

③ **相信「慈悲沒有敵人」**：碰到臭味、聲音與靠太近，我就從我的內心發射出最大的愛與包容。愛的力量太強大，取代了我對臭味、聲音與太貼近的嫌惡感。

至於練多久我也忘了，直到某天發現，因為不斷地練習，問題早已消失，當然我就不需要再繼續練。但有些朋友覺得修行很辛苦，除了得觀照自己的起心動念，還要不斷地練習，大嘆當個「不批判別人」的好人怎麼會這麼難？

從我的觀點，修行從來就不是為了要變成一個別人眼中的好人，而是透過一點一滴的修行，曾經是問題的問題，在不經意之時就消失了。

你不需要為了成為別人眼中的好人而修行，但唯有修行，你才有可能成為最不會被心情打擾的人。

—安頓❺—

可以，但是等一下

為身心爭取到足夠的滋養和休息，
才不會衝動做出會令人後悔的決定。

最近開始嘗試間歇性斷食，下午五點三十分，已經到了我可以吃東西的時間了。

然而連續給了一個小時諮詢、上了四個小時的課，並且和一群想要加簽但必須婉拒的學生們搏鬥之後，我已經沒有力氣回家煮飯吃了。在前往捷運站的路上，我走進福勝亭打算點個豬排餐吃飽再回家。

因為有糖尿病體質而力行低醣飲食的我，其實應該要點「豬排飯但不要飯」，可是我的身體卻不這麼想。我管我的身體叫「大妞」，她很努力地把物質身體維持好；而我的認知叫「小博士」，她累積了很多知識，提供適當的時候使用；還有我的情緒叫做「七彩」，她會依照需要發出訊號，像是在生氣時會變成紅色，開心時會變金色。

點餐的時候，小博士雖然很想表達不能吃飯的意見，但因為工作太累已呈現昏迷狀態，於是只聽到大妞大聲疾呼：「今天這麼辛苦，我要吃飯！」而我的情緒七彩也呼應著大妞的要求，鬧著脾氣大叫著：「我要吃、我要吃！」

昏迷的小博士無力勸阻大妞與七彩的聯手，我只好用我僅剩的一點點意志，跟大妞與七彩說：「可以啊，但我們先點豬排飯不要飯，如果吃完豬排、茶碗蒸，也喝完了味噌湯後還覺得餓，那我們就去吃另外一攤，那時要吃麵、吃飯、吃米粉都可以。」

結果吃完豬排、茶碗蒸，喝完了味噌湯後，大妞與七彩並沒有吵著要續攤，反而是吵著要回家睡覺。回到家，我一直想躺下來睡覺，但還得先洗澡才行。這時候，我的情緒七彩又開始鬧脾氣了，因為我的身體大妞想睡覺了，可是我的認知小博士說，一定要洗澡刷牙才可以上床。看著大妞勉強去刷牙和洗澡、七彩在生氣，小博士開始自責沒把事情安排好——竟然在開學第一週最忙亂的時候，安排了三場演講，還答應人家要在一週內審查完近百篇的文章。

看到小博士自責地抓頭髮撞牆，我跟小博士說：「我知道妳因為把大家都弄得很累、很自責，心情不好。沒問題，我們之後可以一起開個檢討會，但不是現在，而是等我們睡醒以後。」洗完澡後，我和大妞、小博士、七彩就去睡了。雖然小博士偶爾又會自責，讓七彩跟著不開心，吵得大妞也沒辦法睡，但這時我會把小博士和七彩輕輕地帶回來睡覺，最後大家都睡著了。

清晨五點鐘，我已經睡了十小時，精神已經恢復。然而此時的大妞、小博士、七彩，似乎沒有要開批鬥大會的意思，於是我去沖咖啡，一邊想著該如何將這場風暴寫下來，順勢談談「可以，但是等一下」的技巧。

當現實與期待之間有很大的距離時，人會感到痛苦，距離越大，痛苦也越大。譬如想吃滷肉飯但不能吃時會很痛苦，越想吃就越痛苦。痛苦太大時，理智線就容易斷掉。**因此覺察自己有想要拉近現實與期待距離的衝動，像想吃滷肉飯的衝動時，千萬不要告訴自己「不可以」，而是要說「可以，但是等一下」。**

因為情緒會來也會走，有時當下的想法也不見得是真的。「可以，但是等一下」這個技巧，可以為身心爭取到足夠的滋養和休息，之後所做的任何決定，都要比衝動得飢不擇食、不考慮後果所做的決定來得好。

—安頓❻—

一個人的遊樂場

人生就像動物森友會，
玩自己想玩的，不用介意別人玩了什麼。

女兒從高三以來的憂鬱狀況已不復返。以前的她，只要心情進入向下螺旋的狀態，就會整晚沒辦法睡覺；只要沒辦法睡覺，身心就更不舒服，還會感到自責，如果狀況越來越糟，就會讓我這個做媽媽的為她擔心。但是，我已經好久好久沒看到女兒憂鬱了。雖然我知道正念練習可以幫女兒穩住情緒，但也要她自己能煞住車才行，我問女兒是怎麼做到的，她用Switch的《動物森友會》來比喻。

她說：「《動物森友會》最有趣的部分是創造。每個人都可以依照自己的意思，建構自己認為的美好世界，如果想要更多，就得靠自己賺取。不過最近哥哥和表妹他們都不玩了，因為玩家可以彼此互訪後，就會看到別人家有多亮麗，有了比較心，就會發現自己的不夠好，所以他們都覺得，遊戲世界變得和現實生活一樣了，因此覺得很累，不想玩。

「而我現在準備的高考，只有一個缺，那麼多人要競爭，光想都要睡不著了。不過，我還是有觀察妳和哥哥，雖然你們都在家裡工作，卻像是沒有連線的《動物森友會》，不會干涉彼此也不會比較。就像妳從來不會來管我，念我怎麼又在做瑜伽？怎麼又去散步了？怎麼不念書？記得我曾經問過妳，如果沒考上怎麼辦，妳只是淡淡地說，那就去找工作啊。只要活著就可以了，只要能養活自己就可以了。」女兒繼續說。

「這樣反反覆覆看著、想著一百遍之後，我就知道我可以不用跟人家比，因為媽媽並不會要求我要比人家強。**我只要面對我自己、只要注意自己內在發生了什麼事就可以了**。幾個月下來，我已經能夠調整自己的情緒起伏，隨時把自己帶回安定中。」

女兒的解釋讓我想起，從小我就常告訴他們，**人生就像遊樂場**。於是我跟她說：「我也覺得人生就像《動物森友會》這樣的遊樂場，入了場隨便妳玩，而且每個人被叫出場的時間都不一樣。既然這樣，那就玩自己想玩的吧，不用介意別人玩了什麼。當然，要是妳真的很好奇要跟去玩玩看別人玩了什麼也沒問題，但那是因為妳好奇，而不是怕被人家說妳怎麼沒有玩這個、玩那個。」

女兒說：「對啊！以前住在蒙特婁時妳會買 La Ronde 的年票，住在新竹的時候也會買六福村的年票，週三下午學校沒課時，妳就會帶我們去玩，自己在旁邊用電腦工作。我們玩完一個設施，過來叫妳，妳再抱著電腦跟著我們走，然後我們又去玩另一個設施，妳也繼續坐下來工作。現在回想起來，妳還真是奇葩，不覺得花了錢進遊樂場不玩很浪費。」

我說：「每個人去遊樂場的目的不一樣。我是來陪你們的，雖然花了錢沒有跟著玩，但我已經達到和你們在一起的目的，自己也做了想做的事，自然不會有浪費的感覺。然而就是因為人們只看到眼前所看到的，沒有看到那些更遠的、也沒有看到歷史脈絡，因此在詮釋他人的行為時就會被侷限，會覺得人家怪，但其實一點也不怪。畢竟當下的自己，是過去的自己所累積而成的。」

從我和女兒的對話，可以看出我們彼此是如何安住自己的心——**時時關照自己是不是陷進跟別人的比較中，也會一直提醒自己避免迷失**。因為，一比較就會忘了自己是誰、一比較就會忘了自己真正想要什麼、一比較就會失去了創造。**我們的一生除了討好自己以外，並不需要討好別人。**

安頓❼

別人無權為我打分數

感覺是沒辦法被拿掉的，只有危機解除了，感覺才會慢慢消失。

我很幸運可以接觸到異質的人群，而且因為某種奇妙的因素，我的生活經常會在一段時間內有類似議題的人接連出現，好像要讓我看懂一件事一樣。譬如最近「自我價值」這個議題就一直重複出現，讓我更加體會到人類看待自己，多是從重要他人的眼光來定義，很少人意識到自己的人生就是一個人的遊樂場。

先是一位看不起自己的家庭主婦。她覺得自己就該扶持先生，支持他去貢獻社會，但先生卻看都不看她一眼，常常一句「妳不懂啦！」就把她給打發了，彷彿她不值得他的三分鐘。談話當中我得知她還是某國立大學的碩士，心中小小震動了一下，心想：「她怎麼把自己看得那麼扁？」

還有一位是幼兒園園長，她的困擾反而是自己太能幹了，園所一間間地開，讓她的先生自慚形穢，企圖從與年輕女性的交往中得到自尊。在談話中，我得知她目前還是某私立科技大學的夜間部學生，相較於前述某國立大學的碩士，我心中又小小震動了一下，覺得她能夠這樣自信滿滿，真是不簡單。

前述某國立大學碩士畢業的家庭主婦，在成長過程中，父母總是評價她「不會讀書」，即使理性上知道自己在社會上的能力中上，她仍然會評價自己是他人生活中的配角。反觀這位仍是大學夜間部學生的園長，從小父母就說她是個「ㄎㄧㄤˋㄎㄚ」（能幹）的孩子，會稱讚她，還說好在有她給弟弟、妹妹做榜樣，也因此她對自己的認定是「能幹也會給人壓力的人」。

接著來找我的是國立大學前三志願畢業、三十幾歲的舜陵。她的困擾是她親自照顧父母，但每次親戚來訪，卻總是盛讚其他三個在國外高就的兄弟姊妹，而父母還會加一句：「就是這個最傻的出不去。」；或是吃飯上菜順序不如母親的意時，還會被補刀說：「怎麼那麼笨？聽不懂我剛剛講的，要先上這個再上那個嗎？」而她會來找我，是因為她對親戚憤怒、對爸媽憤怒，她認為自己犧牲留在家裡照顧兩老，卻被說是「最傻出不去」，但內心又感到不安，認為自己不該這樣計較，要我拿掉她的心魔。

我跟舜陵說：「如果是我的話也會憤怒，因為我被輕賤了。」

舜陵說：「對，我就是覺得自己被輕賤了。但我不喜歡這種感覺，想拿掉。」

我說：「**感覺是沒辦法被拿掉的，只有危機解除了，感覺才會慢慢消失。**我問妳，如果有一支叫做『價值』的尺，妳覺得哥哥、姊姊、弟弟分別是幾分？」舜陵指出三位手足的價值，分別爲八十五、九十、八十分。

我再問舜陵：「那妳自己在哪裡？」

舜陵說：「我？大概三十分。」

我挑戰舜陵：「即便妳親手照顧爸爸媽媽，也只值三十分？」

舜陵說：「對。」

我說：「如果出國發展的價值比較高，為什麼妳不出國？」

舜陵說：「那誰來照顧爸媽？」

我回答：「照顧有很多方法，妳的手足怎麼照顧爸媽，妳也可以怎麼照顧爸媽。」

舜陵說：「可是我的手足就是靠我照顧爸媽啊！」

我反問：「為什麼是妳呢？我不是說照顧爸媽不好，我的意思是，為什麼是妳，不是妳哥哥、姊姊或弟弟？」

舜陵想一想，說：「因為……因為我是我們家表現最不好的那個。」

我說：「什麼叫做表現最不好？賺的錢比較少嗎？」

舜陵說：「也不是，我賺的其實比弟弟多。」

我說：「那妳剛剛講的分數，都是從什麼標準來看？」

舜陵說：「不曉得，心裡就這樣覺得。」

我說：「妳覺得自己是三十分，那妳猜想爸媽看妳幾分？」

舜陵說：「應該也是三十分吧？」

我接著說：「妳認為是因為妳看自己是三十分，因此爸媽看妳也是三十分？還是因為爸媽看妳是三十分，所以妳認為自己只值三十分？」

舜陵沉默很久後回答：「我不曉得順序是怎樣，但都是三十分。我要怎麼改變爸媽對我的看法，不要再把我看那麼扁？我真的沒有那麼差，我在公司也是小主管，不只值三十分。」

我告訴她：「要改變他人的腦袋除非他願意。但我倒是想問妳，妳要怎麼改變對自己的看法，不要再把自己看那麼扁？就像妳說的，妳真的沒有那麼差。」

舜陵大驚：「原來要改變的，是我對自己的評價。」

我回答：「是的。妳需要問問自己，為什麼只給自己打三十分？」

舜陵說：「對啊，為什麼我沒有看到自己在公司也是稱霸一方？在業界也是很有名？」

我說：「好問題。為什麼？」

舜陵說：「因為我只看到爸媽給我打的三十分？」

我說：「或許。」

舜陵說：「我該怎麼跳脫他們給的三十分？」

我笑說：「其實妳剛剛已經講出答案——**把頭抬起來看看自己的成就，享受自己的成就。**」

我請舜陵細細描述她的成就，引導她閉起眼睛去欣賞每一刻的美好與榮耀。引導結束後，舜陵驚訝地說：「原來是我自己輕賤了自己。」

人們常會透過重要他人的眼睛來看自己的價值，因為那是自嬰幼兒時期就留下來的習慣，那時候自己是好是壞，都是從父母等旁人的眼光來界定。但現在我們長大了，這個習慣便不再適用，**讓我們從自己的眼光來欣賞自己吧！**因為爸媽看我們的眼光經常是停留在小時候的印象，或是停留在他們那個年代的價值觀，而其他人看你的眼光也一樣會有偏誤。

再者，人們的價值觀也一直在變化，若是追隨這些價值來定義自己，常是無所適從、莫衷一是。與其等著別人給你打分數，還不如拿回為自己打分數的權力。**與其追求別人欣賞你，還不如靜下來好好欣賞自己。**

—安頓❽—

接納自己，讓心自由

試試把「我很爛」的自我批判，
改為「還能變更好」的加分法陳述。

一次家庭聚會後，女兒跟我說：「我注意到一件事，就是大舅舅在講話的時候，妳都是聽著，很少說什麼，也不只有跟大舅舅講話的時候啦，好像大部分時候都是這樣。好比我睡覺前喜歡到妳床上滾滾，也都是我在講，妳在聽；有時在家裡讀書，聽到妳跟別人講話，也都是別人在講，妳在聽。每個人都有表達與被關注的需求，日本的安養院還有傾聽志工，不是照顧志工喔，是聽老人家說話的志工。我很好奇，如果妳都是在聽別人說話，妳自己表達與被關注的需求要如何滿足？」

好問題。我沉默思考著。沒一會兒，我和女兒同時大喊：「寫文章！」

是的，透過各式各樣的書寫，好比網路、論文、自由寫作，我已經充分滿足了表達的需求。但女兒似乎不滿意這個答案，她說：「如果書寫有用，那大家就用書寫來滿足表達需求就好了啊，但顯然這是不夠的，我們還是需要有個活生生的人來聽我們說話。」

我同意她的看法：「的確，**人類除了表達需求外，還有被人接納、關注的需求**。」

女兒繼續問：「那妳被關注的需求，是如何被滿足的呢？」

好問題。我把這個問題放在心裡想著。

當晚睡覺的時候，我照例做身體掃描。我一向都很喜歡自己的身體，也感謝身體支持著我在人世間走動、玩耍。因此在做身體掃描的時候，我總是抱持著欣賞與讚嘆的心情。就在細細觀察與感受身體後，我知道該如何回答女兒的問題了——答案就是身體掃描。

做了多年的身體掃描，我意識到身體有數不盡的細微之處，也常常還沒全身掃完就睡著了。後來，我改用親子關係課程中「與孩子單獨約會」的技巧，先大致全身掃描一遍，再以今天照顧好我的頭，明天照顧好我的胸腔，後天照顧好我的肚子……讓身體的每個部分都能好好地被關注到。而我的心情，也常透過正念練習的陪伴被關注。

看來，**人類被關注之大餓，除了能透過與人的連結被滿足外，也是可以自給自足的**。然而何以很少人會這麼做呢？我想這是因為幼年時大家需要靠他人的關注，才有得吃、有得穿、有得抱，因此養成外求的習慣。即便長大了，身體、能力都變強了，還是會忘記自己已經有照顧自己、餵養自己的能力了。

是否能自給自足地解決被關注之大餓，就如同廚師能否做出一桌饗宴般地需要練習。剛開始練習時，你極有可能會嫌自己不好，這些多半是來自集體意識的嫌棄，譬如不夠瘦、有皺紋、有疤痕等等，但這些嫌棄可以透過檢視，判斷是否為真或以接納來破除。譬如老化是必然，沒有皺紋才是異常，異常才會上媒體跟報紙啊，但我們往往是因為太常看到異常，反倒把異常當正常了。

接著再**把想改進的部分，透過把「我很爛」的陳述改為「還可以更好」的加分法陳述，讓自己更有力量**。如此反覆練習，假以時日，我們都可以透過關注自己而自給自足，減少對他人的依賴，這樣才不會總是處在嗷嗷待哺的大餓狀態。

活出你想要的樣子

常做正念練習，對於自己、對於人生的體悟也會不斷更上層樓。但即便學正念這麼久，上課時還是會被引導師講的話給震到，就像今天上課時，引導師說：「心在哪裡，你知道嗎？注意力在哪裡，心就在哪裡。」

而我為什麼聽到這句話會被震到呢？

想起不久前有個學生問我，國立大學的教授是不是都覺得私立大學的畢業生很爛？她舉了很多「證據」——她覺得因為自己是私立大學畢業，所以那些國立大學出身的委員們，就會刻意不讓她通過教師甄試。

我跟她說：「妳平常應該可以感受到，就算不用嘴巴說，也會知道眼前這個人對妳有沒有敵意。如果妳整個念頭都是敵意，走進考場時，妳身邊就瀰漫著看不見的敵意氣場，彷彿臉上刻著：『你們都是一群不公平的人』、『你們不會選我』。於是，妳不用開口，委員們便收到了妳的敵意，也就真的會如妳所願。如果妳想的不是那些惡毒語言，而是『我想要考上』，雖然沒辦法跟妳保證這麼想一定會上，但換個想法，即使是同樣的教學內容，所呈現出來的氣場就是不一樣。」

這個學生的例子就像引導師所說的：「注意力在哪裡，心就在哪裡。」如果你的注意力都在身邊的人有多賤胚，你的世界和你的心就會被賤胚所包圍。對於沒有把心管好的後果，我感到不寒而慄。

另外，引導師也引用電影《功夫熊貓》裡龜大仙 Oogway 所說的：「你太在意過去和未來了。過去是歷史，明天是個謎，而現在卻是個禮物。」（You are too concerned with what was and what will be. There is a saying: Yesterday is history, tomorrow is a mystery, but today is a gift. That is why it is called the present.）

有沒有注意到，在英文中，現在和禮物都是「present」這個字。的確，過去再好再壞，都不會回來了，除非你的心自己跑回去翻垃圾桶；而現在就是個禮物，你要什麼樣子的生活，它就會是什麼樣子。所以，**謹慎選擇你的念頭、你的注意力，你可以讓每一個細胞都浸泡在對賤胚的仇恨中，也可以讓每一刻的呼吸都是自由的。**

正念小故事❷

身體掃描

身體掃描是正念減壓中很常用的技巧，可以訓練覺察力和專注力。但若要進行操作，建議找專業老師帶著做，才能確認正確性。

我先簡單敘述，讓讀者想像身體掃描是怎麼一回事。

①以舒服的姿勢，或坐或臥，閉上眼，專注於呼吸。

②讓意念從腳丫丫開始往上掃描，感受小腿、膝蓋、大腿、骨盆、小腹、胸腔、腰部、後背、肩膀、脖子、臉部、頭部。

③掃描到有感覺的地方，允許它存在，好奇地探索它，不需要趕走它，也不需要擁抱它，就讓它自然地停留，自然地來去。

④覺察到自己的心跑掉了，沒關係，輕輕地把注意力帶回來身體就可以了。

—安頓❾—

靜靜地和新的信念同在，讓它變成我的一部分

既然沒辦法改變他人的想法，
那他對他的行為負責，我對我的情緒負責就好。

連跑兩個會議，匆匆往來於會場間。趁著空檔跟其他老師聊天，聽到某位老師說：「郭葉是網紅了，都不理我們。」我大吃一驚，問她怎麼會這麼說？她說：「現在在路上跟妳打招呼，都不理人了喔！」

我問她是什麼時候的事？她說剛剛。我秒懂發生了什麼事。應該是先前趕去開會的時候，沒看到對方跟我打招呼。我立刻解釋：「對不起啦！讓妳不舒服了，但我剛剛真的沒看到妳。況且哪有什麼網不網紅的呢？妳看以前那些握有大權的長官，下台後就什麼都沒啦！那些曾經紅到發紫的明星，在新的偶像出來後也沒啦！還是老朋友比較實在啦！我才不會因為出了本書，就以為自己是網紅。」一旁的老師也幫忙打圓場，才讓這個話題過去。

只是沒多久時間，這老師又說了好幾次「郭葉是網紅了，不會隨便理妳喔！」、「跟網紅約要趁早，要不然會約不到喔！」之類的話，我聽了簡直氣到要翻桌。現在是怎樣？我講那麼清楚了，我就沒有網紅議題妳是沒有聽到嗎？

回家後，我氣到沒法寫論文。心裡一下子想「不要理她就好了！」、一下子又想「她怎麼可以亂講話！」沒多久又想「我是不是該去跟她講清楚？」、「講有什麼用？都講那麼多遍了，要有用早有用了……」所有的情緒和思緒，像在洗衣機裡翻攪的髒水，怎麼洗都洗不乾淨、怎麼想也想不清楚。

於是我決定用正念訓練中所學來釐清這件事。我在紙上寫下：發生了什麼事？「她一直冤枉我是驕傲的網紅。」我的感受是什麼？「超憤怒！」在這個憤怒之下的認知或相信是什麼？「她欺負我。」接著，我檢視除了存心欺負我，還有沒有別的可能？「啊！看到我沒理她，勾起她的自卑議題，感到被看不起。」、「啊！她對每個人都這樣，只要她認定的事情，講一百遍也一樣。」

理智上，我認為後面理由的可能性比較大。所以我在那張紙的最下方寫下「那是她的習慣與議題，她對每個人都這樣。習慣難改、議題難解，除非她自己願意。**既然我沒辦法改變她，她對自己的行為負責，我對我的**

情緒負責就好。」

想清楚後，我開始寫論文。可我越寫越氣，腦子還是不斷冒出「妳為什麼要冤枉我」的念頭。

我知道自己會冒出這念頭的原因是，人類對於認為不對的事情會有非得把它扳正的執念，除非有另一個更強的信念出現。於是我拿起剛才那張紙，沒有想什麼、沒有分析，就是靜靜地看著我寫的最後那段話。**靜靜地與這段話同在，不急著寫論文，也不急著去哪裡，沒有思前想後。然後，這句話就變成我的一部分，而心，也平安了。**

有時候我們明明知道再想也沒用，念頭卻揮之不去；有時候我們明明理智上知道，情緒卻過不去。這都和我們的腦部運作模式有關。**一直想一直想，是想不出好結果的，最好是提筆寫下來。**

理智和情感會打架，是因為你和你理性思考所得出來的結論，還未能舒適地在一起。譬如，我們理性上都知道跟人伸手要錢，人家給得乾不乾脆，還得看你有沒有貴婦命，當然是自己賺錢自己花比較自在。但是現代人天天浸在「奈何霸道總裁要娶我」這樣的媒體渲染中久了，那種期待男人照顧女人的信念仍然會勝出。因此你和理性思考所得出來的結論必須要相處得夠久，才能深化成你的一部分。

至於為什麼要靜靜地看著？這和催眠的原理有關。你有沒有發現，那些讓你覺得放鬆、安全、舒適的人講的話，比較容易滲透到你的腦袋？那是因為在你完全沒有防衛時很容易全盤接收。

這是個說來容易做起來不容易的歷程，要反覆練習，一生不斷地練習。你可以先拿一件簡單的事情來試，練習越多次就越上手。

時機到了，自然會去檢視根源

然而當別人處於情緒之中時，我們又該怎麼應對？

有一次，我和同事、助理一起工作，碰到了一些問題，所以請助理去跟對口單位詢問。助理問了之後回來說，對方的回覆是如何如何。

我覺得有些地方不對勁，便跟助理說：「你不覺得他的回答很不合理嗎？」

助理委屈地說：「可是他真的這麼說啊！」

我說：「我相信他的確是這麼說的。我只是說，我覺得他的回答很不合理。」

助理重複道：「可是他真的是這麼說的啊，又不是我說的。」

我也再說了一次：「我相信他的確是這麼說的。我沒有懷疑你聽錯，我只是覺得他的回答很不合理。」

就這樣雞同鴨講了幾回。後來，我覺察到自己跟助理一直在鬼打牆，就知道此時溝通已經無效了，於是我選擇閉上嘴巴。然後，助理像是無奈卻又不得不地說：「好啦好啦，妳覺得這個回答很不合理。」之後便沉默不語。

助理離開後，一旁的同事問我：「妳不跟他講清楚嗎？」

我說：「顯然我已經講清楚了。因為他說他知道我覺得這個回答很不合理，所以他不是聽不懂，應該是生氣了。」

同事說：「又沒有說他不對，為什麼要生氣？」

我說：「或許是這個回答喚起他不愉快的記憶吧？譬如被父母、老師、權威人士質疑而感到委屈的經驗。交流分析理論不是講說，大腦就像攝影機一樣記錄了所有的事件，事件當時的感覺也一併被儲存在腦部裡。就算這些記憶早已不記得，但在某些刺激下仍然會被喚起。這也就是為什麼單純一句話，不同的人會有不同的解讀。我猜，我應該是喚起了他過去不愉快的感覺和情緒了。」

同事問我：「怎麼辦？」

我說：「沒怎麼辦，就等他情緒過去吧。」

同事又問：「真的不用講清楚嗎？」

我說：「他一定不只在這裡有這種反應，等到次數多了、時機成熟了，或許他就會想要去檢視根源。所以現在講什麼都沒用。」

沒想到同事又了問一次：「真的不用講清楚嗎？」

我轉而對他說：「我已經聽到你問了好幾次『真的不用講清楚嗎？』我很好奇為什麼你會覺得當下一定得講清楚？」

同事說：「喔！我的天，所以現在妳要來檢討，我為什麼非得講清楚不可的根源嗎？」

我大笑：「你如果想的話，我們可以一起來探討看看。但現在如果你不想也沒關係啊，反正時間到了，自然會有契機讓你去搞清楚。」

—安頓⑩—

腎上腺素飆起來的那十八分鐘

盛怒時不是告訴自己不可以生氣，
而是先停一下，把注意力放在身體與呼吸上，
穩住大腦中氣噗噗的杏仁核。

經常受邀演講的人都知道，有時候人在忙時腦袋會搞不清楚地亂答應，等到有空回想時才意識到自己惹了大麻煩，然後就開始怪自己為何要答應。但，好吧，既來之則安之，這次不小心應允的演講，剛好可以去住

好久不見的朋友家，也算不錯啦。只是演講日期快到了，主辦單位卻來信說更改活動地點，原本預計前一晚要去朋友家住的計畫也就變得不可行，不得已只好跟朋友取消。但朋友早早就把行程排開，現在才說不去，讓我心中很過意不去，雖然這不是誰的錯，卻也只能接受。

後來我決定搭高鐵再搭計程車到活動地點，於是向主辦單位確認車資核銷的相關事宜，承辦人很有耐心地解釋，為什麼無法用高鐵的電子購票證明來核銷。可是為了拿到實體購票證明，要麼我得在當天早起去櫃檯排隊，要麼就是先跑一趟車站拿實體票券。

雖然理性上我都了解，為了防止舞弊，政府有種種的報帳規定，但沒辦法用電子購票證明核銷，還真的是讓人感到匪夷所思。加上對自己胡亂答應和對朋友失信的氣憤，讓我一時理智線斷掉以致整個炸鍋。好在我當過學校行政人員，專幫老師們核銷研究計畫的經費，才能很快地在同理心之下，明白承辦人也無能為力，所以絕對不能遷怒他們。於是我先深呼吸，耐著性子和承辦人講完電話後，才開始處理我的盛怒。

因為已經學了一陣子的正念，知道腎上腺素一旦飆起來，要退下去最少需要十八分鐘，當中如果還越想越氣，那肯定不只需要十八分鐘。這時如果我的情緒被大腦最原始的杏仁核綁架，那搞不好明天還會被報紙爆料，標題寫道：「師道低落！某大學老師為高鐵票核銷不如意，在縣政府大聲咆哮。」所以我告訴我的杏仁核：「好，我知道你很生氣，但我有在處理了，現在我們不必出去罵人，先出去走走路吧！」

接著我把運動鞋穿好，用最快的速度往大稻埕方向健走，速度快到可以把注意力轉移到步伐與呼吸上。要是在快走過程中想到核銷的事，我就再輕輕地把注意力帶回步伐與呼吸，看看街上的乾貨、店頭的擺飾跟文創商品。如此快步行走不曉得多久後，我大汗淋漓、口乾舌燥，看到賣青草茶的攤子，買了一杯，喝了一口，啊～瞬間心涼脾肚開。

我沒有去算自己從盛怒到消氣實際花了多久時間，但至少沒有含怒到天明。

注意力轉移到呼吸與身體，讓濃煙散去

人一定會有情緒。就像那天助理表情很怪，我問她怎麼了，才知道原來是打電話去詢問核銷事宜時，對方跟她說：「妳沒帶腦袋來上班喔？」雖然對方馬上解釋自己是在開玩笑，但助理掛上電話還是忍不住地又氣又哭。她跟我說：「可是我又不能怎樣，她都說是開玩笑的。而且她講得沒錯，是我自己沒先看公文，但我就還是很生氣……但好像又不應該生氣……」

我輕拍她的肩，等她哭得差不多了才說：「聽起來妳的心裡在打架，覺得不應該生氣又忍不住生氣。但，拜託，換了是我也是要生氣的，誰這樣被說會不生氣？況且妳又沒有馬上殺到她辦公室揍她，想生氣就生氣嘛！」

助理說：「可是我不想人家道歉了還生氣，我想不生氣，可是又氣不停，於是就更生氣了。」

我說：「**生氣就像心裡的柴火被點燃，就算火已經滅了，也要好一陣子濃煙才會散。**」

助理問：「什麼時候煙才會散啊？」

我說：「書上寫是十八分鐘。」

助理說：「不只吧？我已經氣一個早上了。」

我說：「但書上也有寫，如果引起生理反應則大概會維持四小時，就像看完恐怖片，腎上腺素飆起來所引起的反應一樣，還會持續一陣子。而且人家點火後，妳不只氣別人還要氣自己，就像一直火上加油，當然火會越燒越旺。」

助理說：「老師妳這樣講，讓我想起以前男友跟別的女生在網路上打屁，我很生氣。他給我看手機說他們之間沒什麼，也當我的面刪她好友，可是我還是很氣。明明事情已經解決，卻不曉得為何控制不了情緒一直鬧，鬧到後來他也火了，於是你不讓步、我不讓步就分手了。到底有沒有什麼辦法讓濃煙快點散去啊？」

我問：「鍋子燒焦起大煙，妳怎麼辦？」

助理說：「把窗子打開。」

我問：「然後呢？」

助理：「就一直趕一直趕，看能不能把煙快點趕走。」

我問：「這樣煙有比較快散嗎？」

助理：「沒有，只會覺得更煩而已。」

我問：「那怎樣可以讓自己舒服一點？」

助理：「把窗子打開，開電風扇對著窗口吹出去，然後……然後出去逛街。」

我問：「逛街？」

助理：「對，我最近瘦了，去逛街試穿不要錢，又可以自戀一下覺得自己身材好好。」

我大笑：「哈哈哈，自戀還真是有好處。好吧好吧，給妳放兩小時假去逛街吧！不然妳在這裡臭一張臉，我還得伺候妳。快滾快滾！」

盛怒時處理的重點，不在告訴自己不可以生氣，而是先停一下，穩住大腦中氣噗噗的杏仁核，把注意力轉移到呼吸與身體，等到情緒的濃煙散去，才去**啟動管理思考決策的前額葉，幫助自己別說出會讓人懊悔的話、別做出後悔的事**。有時候事情解決了，心中的那股氣遲遲不散也是正常的，如果一直想趕走那股氣，會像火上加油一樣，越趕越氣。還不如去做讓自己開心、讓自己爽的事，像是去逛街甚至跑步、游泳等劇烈運動，把注意力從腦袋轉出來到呼吸與身體上，幫助自己舒服一點。如此在你不注意的時候，心中的那股濃煙早不曉得在什麼時候悄悄散去了。

—安頓⑪—

安然度過內心的恐懼

情緒是一種狀態，
就像颳風下雨，會來也會走。

上完正念師資訓練課那天，馬上就發生一連串事件，讓我即時經歷一場情緒風暴，幸好我用了正念的方法，陪伴自己度過了這場風暴攻擊。

先是一位要卸任的長官，打電話唸我，意思是說我升等太慢。華人的習慣嘛，我被唸的時候心裡總是會先「立正站好接受訓示」，然後進入反省模式，責怪自己如同長官所說的，管太多別人家的事，以致危及到自己在官場上的升等。

接著又接到訊息，說一個朋友猝死在浴缸裡。

這些事發生的時候，我已經連續上了五天的英國正念師資訓練，所有能量都拿去應付不熟悉的英文，以至於沒有餘力好好思考這兩件事對我的意義。

直到終於上完課，窩在沙發追 YouTuber 老高的頻道，聽他講到俄羅斯有一群登山客，可能因為在半夜聽到風雪所形成的低頻，心生恐懼、感受到威脅，於是在沒有遭遇任何攻擊的情況下，緊張地用刀劃開帳篷，沒有任何禦寒裝備地衝到戶外，最後因低溫而死亡。

看完之後，不知為何我忽然想起長官的電話和朋友的猝死，無意識地把自己的紫微斗數命盤拿出來看了一下。這一看不得了，彷彿呼應了老高影片的主題「恐懼」。此刻我眼中看到的全是災難：我看到了升等無望、看到了將來會生重病……接著，我無法克制地陷入恐慌中。

但好在我平常有練正念，感受到恐懼已經快要占領我時，第一個出現在腦中的念頭就是**「定錨」——把念頭定錨在呼吸上，讓自己的心安定下來**，就算仍然心有餘悸，但心情已經平靜許多。不用去勸自己「有什麼好怕的，這些我們都考慮過了啊！」而是允許這些情緒的存在，不和它們苦苦糾纏。

然後我站起身，用產生「心流」的方法去切冬瓜和切瓠瓜，如同庖丁解牛般讓自己和手上正在進行的事情融合在一起，感受菜刀「唰」的一聲，俐落切掉厚皮的爽感。而不是一邊切冬瓜，一邊想著我的升等完蛋了、我死掉沒人知道之類的事情。正念練習幫助我把注意力從腦袋移出來，放到身體、呼吸與環境上。當焦慮的能量從腦袋釋放之後，我很快地就睡著了。

隔天早上起床，我跟我女兒說：「好恐怖喔，我昨天經歷了一場情緒風暴。」然而也正因為經歷了這場情緒風暴，使我更深地體會到：

1. 我不是情緒，情緒不是我。

2. 情緒在說話的時候，不代表它說的話是事實。

3. 情緒是一種狀態，就像下雨、就像颳風，會來也會走。

對於沒有辦法升等或猝死這類事情，其實我早就想過很多回了——我的經濟不匱乏，升等只是錦上添花而已；猝死總比拖磨著死不了要來得幸福。只是長久以來根深蒂固的集體潛意識，還是在我最脆弱的時候毫無防備地浮現，於是就把自己一時的情緒給當真了。

我們的心為了存活，總是會去擔心一些還沒發生或不存在的事情。但如果擔心過頭了，奪走理性思考的位置，將會使我們惶惶不可終日，心力全都用來擔心，就算身邊明明沒事，也一直覺得災難將至而耗掉大部分的能量。而所剩無幾的一點點力量，也就不足以修復身體、理性思考、解決問題或創作了。

雖然我和大家一樣都有情緒，有時也會無法克制地想太多。但不斷練習正念縮短了我被情緒影響的時間，因此能有足夠的能量去做讓我有成就感的事情，進而如滾雪球般，越來越有成就感，也越來越覺得自己好棒。

正念小故事❸

呼吸定錨

就像在風浪中的小船，你可以靠下錨讓船隻穩定。而將心定錨在呼吸上，就是最常用的技巧。

①先讓自己好好地感受腳底和身體被大地或椅子所支撐著。

②注意自己的呼吸，讓自己的身心處在一個安全且被支持的狀態。

③觀察自己的念頭，把這些念頭看做是一輛一輛開過來的巴士，在巴士上貼「害怕升等無望」、「害怕自己死掉的時候沒人知道」等標籤，盡量試試看允許巴士開過去，而不是跳上去跟著走。

④再度把注意力放在自己的呼吸，讓自己的心，定錨於其中。

—安頓⑫—

斷開向下螺旋

覺察導致自己不開心的念頭，
試著斷開，不與之糾纏，
勇敢地站起來離開現場。

回到家沒看到女兒，傳了訊息問她在哪裡，不久她回傳照片說正在華山看展覽。我覺得有些奇怪，畢竟為了準備高考，女兒連兼職都想辭了，怎麼還有時間去看展？加上她回家時，帶回了平常絕不可能買的金元寶和紅春聯，讓我直覺事情不對勁，趕緊問她是不是發生了什麼事？

女兒說：「今天念書時，過去不堪的回憶忽然襲上心頭，一個接著一個無法克制地浮現。記得媽媽跟我說過，預防憂鬱復發必須要有覺察向下螺旋的能力。因為一旦開始向下螺旋，就會像被流沙捲進去那樣，越用力不去想，就越無法掙脫。所以當我發現向下的念頭一個接著一個時，就趕緊照妳說的往外走，去運動、找人講話，做什麼都好，就是不要讓大腦繼續搜尋與存取過去類似的壞經驗。於是我決定去華山看展，在回家的路上，發現那些紅通通、亮晃晃的春節飾品會讓我開心，就買了喜氣洋洋的春聯和金光閃閃的金元寶來轉換心情。」

我稱讚女兒：「太好了！媽媽平常教的正念概念妳都記得。但不曉得是不是季節轉換的關係，我今天也發生同樣的事吔。我不是跟妳說希望新書能大賣嗎？那時妳反問我，是感覺人生缺了什麼嗎？否則為什麼需要大賣？我說瑜伽班的同學告訴我，說看我的文章會覺得很安心，因為原來不是只有她有小孩不讀書的問題，所以我希望很多人看了我的書後會感到自己不孤單。可是當我講完以後，我還是認真地用馬斯洛理論來檢視自己的起心動念。

「我問自己：『我有缺錢嗎？』沒有，學校的薪水把我照顧得很好；『想吃更好的美食嗎？』沒有，已經吃太好，很滿足了；『沒安全感嗎？』不，我很有安全感，我有房子、有工作、有健保；『缺人愛、沒自信、感到人生沒有到達自我實現嗎？』不，我已經很滿足了，學生、讀者都愛我，給我自尊，我也很喜歡自己。可是即便如此，我腦部悲觀區卻還是被啟動了，硬是有個聲音尖叫著抱怨我的人生有多慘：『天啊！妳都滿足了，那妳的人生還要幹麼呢？』沒想到這還真讓我莫名慌張了起來，『對啊，都滿足了，我的人生還要幹麼呢？』」我繼續說。

「幸好透過正念的練習，讓我有覺察自己情緒的能力。人在恐慌的時候，就像旁邊有一群人莫名其妙地尖叫、奔跑，我也跟著奔跑恐懼起來，可你問我為什麼要跑？我也不知道。於是我告訴我自己：『停一下！』然後和自己對話。我問自己：『怎麼了？什麼都滿足了，是個問題嗎？』好像是個問題，但又好像不是。『好，如果是個問題，那是怎樣的問題？』無聊？但無聊似乎是個不存在的議題。因為光是寫書、演講、上課，我就很忙了，怎麼會無聊？『所以我們還有問題嗎？』沒有。就這樣我也跟妳一樣，成功阻擋了向下螺旋的發生。」我跟女兒說。

有時候我們心情會不好，不一定是真的發生了什麼很嚴重的事，而是壞心情的流沙被啟動了。**試著去覺察那個壞心情的啟動點，不去糾結延續，而是勇敢地站起來離開現場、轉換環境，去運動、去找人說話，斷開向下螺旋**。只要鍛鍊好自己的覺察，斷開惡性循環，你就會是個經常有好心情的人。

—安頓⑬—

不曉得活著要幹什麼

即使身體不自由，
也沒有人可以奪走我看一輪明月的剎那美好。

我不知道自己是怎麼進入那個暗黑狀態的。依稀記得是改一篇論文改到天昏地暗；然後戴口罩上課，戴到缺氧，回家後就一直昏睡；起床沒多久看到孩子在玩《動物森友會》，突然覺得人生根本就像裡頭的人設，都是被決定的，不管你多麼努力都鬥不過天的一撇，覺得人生很悲催等等。

雖然過去那麼多年，也不是沒碰過改論文、身體不舒服，或者懷疑地球根本就是外星人實驗場之類的，但不曉得為什麼，此刻我就是進入黑暗的心情了。

只能說好在我學過正念認知療法，知道正是這些逆境和疑惑，啟動我大腦的黑暗區，也知道黑暗只是一種感覺；知道我不是黑暗，黑暗也不是我。**我只要陪伴著它，不要一直想著要趕它走，過一陣子自然會沒事。於是我還是如常地生活，該吃飯就吃飯、該工作就工作，不去跟黑暗糾纏在一起。**

後來，我將這次進入暗黑的心情跟學過正念的朋友分享，我說：「我不曉得人活著要幹什麼？我不想要錢、不想要名、不想要權，什麼都不要，那活著究竟是要做什麼？拚命寫論文似乎是為升等教授，但我看那些教授朋友每個都累得像狗一樣，升了等也沒比較輕鬆，不過是換了一座山爬而已，實在不曉得為什麼要升等？」

朋友聽完後說：「妳不是因為什麼都不要而黑暗。相反地，妳是因為有所求，想要的要不到才感到黑暗。」

我辯駁：「哪有？我什麼都不要！」

朋友說：「妳哪有什麼都不要？聽聽看妳自己講的『我不曉得人活著要幹什麼……』言下之意就是，妳認為人活著，除了名、錢、權之外還得要有什麼。妳說那些教授升等以後，還是忙得跟牛一樣，言下之意就是妳期待人生無事。問題是，人生怎麼可能無事？有這樣的期待，妳就註定痛苦呀！我們學正念的時候不是有說，人的痛苦來自於現狀與期待的距離。妳自己也說過，人生唯一不變的事就是事事都在變。既然事事都在變，就不可能人生無事。既然人生不可能無事，妳的願望就無法達成。這無法完成的願望，正是造成妳黑暗的原因。」

頓時我被敲醒了。原來我的黑暗，來自一個永遠都沒辦法達成的願望。如同你期待兒女很會讀書，但是孩子就是得透過實作體驗才學得會，而不是透過讀書這條路徑；除非你願意改變，才有可能終結不合理的期待

（兒女很會讀書）與現實（兒女不是透過讀書來學習）之間的距離所造成的痛苦。頓悟之後，我再次用正念認知療法所教導的方法度過黑暗，將注意力放在當下。**呼吸就呼吸，喝水就喝水，沒有期待發生什麼事來讓我安心、讓我爽。因為光是好好享受當下，就很爽了**。

雖然我不甘「人的命運被決定」的議題還是存在，但我知道一時間不會有答案，所以就在心裡好好地找一個位置，把這個議題放在那裡，讓自然的力量去運作。

有一天，我正在打坐時，忽然有個念頭進入腦袋：「不！我並沒有被決定。就算我的前夫財富蒸發、我的孩子決定退學，這些確實不是我所能決定的，但，如何看待這件事情、如何感受，都是我的自由。因為**沒有人可以決定我怎麼看這些事，也沒有人可以決定我的心情，除非我自願用別人的眼睛來看，除非我自願把我的心情交給別人來決定。**」

我忽然想起大學讀書時看過一個理論——意義治療法[1]，這個理論的創始者維克多・弗蘭克（Viktor Frankl）曾在二戰集中營被打個半死，但就在他飽受折磨，抬頭看到天空的一輪明月時，他說：「啊！即使我的身體是不自由的，但沒有人可以奪走我看到一輪明月這剎那間的美好。」

原本處在黑暗中的心情，就在持續不斷地正念練習與一輪明月的故事中，重見光明。

1 一種著重於引導就診者尋找生命意義，以確立明確生活目標的心理治療方法。

—安頓⑭—

意念構築你的世界

你所在的世界，
是由自己的意念所創造的。

如何看待這件事情、如何感受，都是我的自由，都由我來決定。而我的決定，將會造就我的世界。

過去我常聽人家說：「你所在的世界，是由自己的意念所創造的。」但以前只要聽到這個說法，我都會想：「怎麼可能？世界原本就在那裡，怎麼會是我所創造的？」

直到有一天，三十出頭的瑞雲來找我。她跟我說，公司計畫外派她到澳洲，但媽媽知道後就到處找人哭訴，說自己憂鬱症快發作了。尤其是有親戚來家裡時，媽媽還會表演吃安眠藥的戲碼給大家看，說女兒就要拋棄爸媽了，不然就是搥胸還作勢要用頭撞牆。親戚見狀總會拉住媽媽讓她不自傷，然後對瑞雲曉以大義，告訴她要孝順父母，說些父母在不遠遊之類的道理。

瑞雲說，她很想趁年輕去國外見見世面，而且爸媽也不過六十出頭，現在不出去，等將來爸媽年紀更大，就更出不去了。我問瑞雲：「如果有一天妳有小孩，妳的小孩在便利商店的地上打滾，吵著要買糖吃，妳會怎麼辦？」

瑞雲回答：「我會讓他把情緒發洩完，等他停止後再牽他的手說：『回家了。』要讓小孩知道，不管他如何哭叫都是沒有用的。」

我說：「如果這個場景主角轉換成媽媽。她吃藥、搥胸、用頭撞牆，要妳不可以接受外派呢？」

瑞雲說：「我理應不要理她的，更何況她這是情緒勒索，我不應該讓她得逞。但同時我又一直覺得這樣不對，如果媽媽真的因為我而受傷了，我好像多少得些負責任。」

我說：「自己的媽媽受傷了，當然會心疼。那我再問妳，如果同事威脅妳說不幫忙代班就自殺，結果她真的採取行動了，妳需要負責嗎？」

瑞雲回：「我不需要負責，因為那是她自己的選擇。」

我又說：「如果暗戀妳的人威脅妳，說不跟他交往就自殺，結果他真的採取行動了，妳要負責嗎？」

瑞雲說：「我當然不需要負責，因為那是他自己的選擇。」

我接著問：「那為什麼媽媽吃藥、搥胸、用頭撞牆，妳就需要負責？」

瑞雲沉默了。

我又說：「讓我們想像一下，如果她傷害自己，結果妳就順她的意，那下次她還會這麼做嗎？」

瑞雲說：「其實她已經這樣好多次了。每次她這麼做我就會害怕，然後就會屈服。尤其當著所有親戚的面時，對我的威脅就更大，她早知道我一定會吃這套了。」

我說：「那妳現在還會覺得，要為她在親戚面前做這些事而負責嗎？」

沒有正面回答我的問題，瑞雲嘆了口氣：「我就是沒辦法眼睜睜看著她吃藥、搥胸、用頭去撞牆壁。」

我說：「這一定是不容易的。但如果持續下去，妳也等於放任妳的母親沒有成長，難道妳這一輩子就要這樣反反覆覆下去，這是妳想要的生活嗎？」

瑞雲無奈：「我不想要，但是我沒辦法。」

然而，就在瑞雲說出「我不想要，但是我沒辦法」那一剎那，我忽然了解了什麼叫做「你所在的世界，是由自己的意念所創造的。」

瑞雲不願挑戰傳統孝道，於是就讓這樣一個無可奈何、無法可度的意念，建造了一個她不想要的世界。如果她願意用新的觀點來看孝道，拒絕媽媽的情緒勒索，也就可以粉碎那個她不想要的世界。

正念小故事④

從腦袋裡脫困

常有朋友問我：「想不開、走不出來、找不到解決辦法……該怎麼辦？」

這些問題簡而言之就是——困在腦袋裡。

你應該有過這種經驗，想要找鑰匙卻怎麼也找不到。因為大腦已經預設鑰匙大概在哪裡，所以拚命找同一個地方，不會去別處找，因此永遠都找不到；然而，往往當你不注意的時候，鑰匙就出現了，而且是在意想不到的地方發現。

因此，當你被「困在腦袋裡」，不妨試著透過「大肢體流汗運動」把念頭從腦袋轉移到身體。

有時候我會工作到「殺紅了眼」，明明已經很累了卻還是想加油，直到撐過那股疲累感，又可以繼續拚命。

後來我懂了人類大腦化學物質與內分泌的機轉，原

來「撐過去又再度能量充滿」，就像給身體打類固醇，長久下來不僅容易胖，對身體的耗損也極嚴重；只是我的多巴胺分泌可能極為旺盛，促使我對追求某種目標非常有興趣，以至於不斷掉入「再撐一下」的陷阱。

了解這些生理機轉後，只要覺察到自己「投入工作到殺紅了眼」，我就會出去快步健走，讓意念從腦部移出來，轉到身體。

通常快速健走的前十分鐘我還是會「困在腦袋裡」，想著剛剛正在做的事情，但隨著走動，能量轉移到肢體與呼吸當中，多巴胺退去、情緒迷霧散去，我會恍如大夢初醒，意識到自己剛剛像瘋子一樣，有必要這樣嗎？

要從「越想越氣」、「越想越難過」中脫困，試試看把注意力移到身體，這樣或許能夠脫離被念頭與情緒綁架的困境。

安頓⑮

多巴胺的浪漫

挑戰與未知不見得是壞事，
因為即便有冒險衝突，
我們都因此而擴展了生命的可能性。

在婚姻研究課程中和學生談到了愛情，有學生問到，因為「不愛了而分手」時有所聞，但要怎麼做才不會被「不愛了」，或是「不愛對方了」？畢竟沒有人想被分手，也沒有人想當壞人拋棄對方。

在我的經驗中，愛上一個人是很複雜的心理現象。當你看到一個人，朝思暮想地只想和他在一起，西方文化中，那不叫做「愛上」，而是「迷戀」（crush on）。你不知道為什麼看到他會有這麼強烈的感覺，推著你非得採取行動不可，否則就會心神不寧，茶不思、飯不想。從神經心理學的角度上來看，這種催促著你採取行動否則就無法安定下來的力量，比較像是多巴胺的效果。多巴胺經常扮演著預期的角色，讓你充滿想像，想像和他在一起會很幸福。

然而為什麼會「愛上」呢？有時候你會「愛上」一個人，是因為他符合社會的期待，譬如有錢、長得好看、身材好；有時候你「愛上」一個人，是因為他滿足你內心深層的需求，或是彌補了你的缺憾；有時候你「愛上」一個人，是因為他讓你覺得熟悉，像是回到家的感覺。

只是當你實際跟他在一起時，你不見得會快樂。雖然他有錢、好看、身材好，但兩個人卻話不投機；或許他滿足你被照顧的需求，但同一時間他也太控制狂太囉唆；或許他讓你覺得熟悉，但後來你卻發現跟他相處時所發生的困難，和父母相處時所發生的衝突是一樣的。

而「喜歡」就不一樣了。喜歡，比較像是因為和對方的價值觀類似，同意他的想法和行為，會彼此分享共同的夢想，這種感覺比較是現在式，享受當下的舒適，不像多巴胺總是幻想著會發生什麼，是一種未來式。

聽了我的解釋之後，學生絕望地說，難道我們不能相信愛情了嗎？一切都是多巴胺的迷惑？我們都應該像古時候那樣的門當戶對嗎？畢竟門當戶對才有比較大的機會，遇見能同意彼此的想法和行為、分享共同夢想的人。

關於這點，其實我還是挺浪漫主義的。我不反對多巴胺的效果，畢竟我的生命經歷也曾因多巴胺而有許多的擴展。

從失敗的關係中學習

曾經和第一任男友聊天時，回顧了分手的原因。發現當時我們兩人都用很原始的方法吵架，甚至有點像幼兒那樣，雞同鴨講，完全沒有在聽對方說。雖然後來兩個人的關係破碎到補不起來而分手，但是我們從中都學到了——要聽對方說話，不能只有我我我；和前夫回顧為什麼會離婚，發現原來我有深層的生存恐懼和「男主外、女主內」的固執思想。所以，當前夫做了動搖家庭經濟的行動時，觸發我的恐懼反應，使我沒辦法理性思考就逃跑了。

然而事過境遷，經過多年的各種探索，發現我的生存恐懼並非理性，而是一種預期恐懼；我也看清楚「應該如何如何」是兩人關係的殺手，學會不一定非得要「男主外、女主內」，反之「女主外、男主內」也是可以的，畢竟兩個人舒適自在才是王道。

所以，雖然多巴胺把我們帶向挑戰與未知，但這不見得是個壞事。**因為愛情，我們擴展了生命的很多可能性，即便多巴胺會把你帶到充滿衝突的兩人世界，甚至擴展到兩個家庭的戰爭，但只要你願意做這門功課，你就有機會變成更好的人。你可能變得更能同理他人、更了解自己，也更能活在當下。**

請注意，這裡不是說多巴胺叫你去跳海就去跳海，你還是得評估跳下去會不會淹死。譬如你好想照顧、拯救那個憂鬱不快樂的他，卻使得自己常常陷入憂鬱不快樂中，那就好像自己都快要溺死還想去救另外一個快溺斃的人，結果就是兩個人一起死而已。以前我不太知道拿多巴胺這個衝動怎麼辦，直到學了正念認知療法，體會琢磨出一個方法，學會把這股衝動當作重感冒，啥事都不幹就等它過去，直到有天起床，你就發現自己的感冒好了，然後拍拍胸脯說：「好險我沒有跳海。」

跟學生說完了我對愛情的體會，我覺得我似乎也在訴說著人生。

面對兒女的各種渴望，我也是如此看待。我只會提出探問引發他們思考與評估後續的各種可能性，即使最後失敗受傷了，我都深深感恩這場多巴胺冒險帶給他們成長的資糧。

第2章

找出問題的根源

—洞察—

當憤怒如大海洶湧而至、當恐懼如黑夜襲來，
暫時逃避有用，直球對決也很棒，
不管要花多久的時間，
只要你願意面對、找出問題的根源，
或許它就會消失於無形。

—洞察❶—

啟動同在模式

練習正念能看清事情，
也能打開天線，感受別人的需要。

我有時是迷糊的雙子座，但也有另一面是非常不迷糊、非常專注的，專注到忘記全世界，把一件事做得非常專精。對，我就是這樣拿到博士學位的。我可以把所有的力量，都拿來成就我覺得重要的事；只要是認知上覺得不重要，或是投資不會有結果的，我一概立馬放手，認賠殺出。

斷捨離的能力雖能使我成為專家，但顧此失彼，我的身體常沒被我照顧好，也常常忘記帶鑰匙把自己關在家門外。但學了正念認知療法以後，我恍然大悟，原來人需要好幾個心智模式，需要A模式的時候，就召喚A模式出來，需要B模式的時候，就召喚B模式出來，而我成功的模式，大多來自於非常善用「行動模式」。

只要有問題來了，我就能夠傾注全力快速地解決，然而「螳螂捕蟬，黃雀在後」，也因為過於專注使我常沒注意到身旁發生的事，甚至可能危及我的生命也沒有發現。譬如，我想趕快完成一件事情，身體就會分泌可體松來加把勁，但長期大量分泌下，使我的身體非常有可能在未來某次的病毒攻擊下，無法卯盡全力大反攻。

還有一個模式，叫做「同在模式」，那是我長久以來很少運用的模式。想像有一個人坐在山頂鳥瞰。這個人能知道東邊有稻田，西邊有工廠，工廠旁邊的河流變顏色了，正往稻田流去。但如果你是在工廠裡努力生產的人，你就看不到河流變色了；如果你是在稻田裡努力工作的人，你也看不到河流不對勁，不知道水是被誰給污染了。你必須從高處如實地綜觀著，才會看到這些現象。

跳上那班正確的火車

學了正念認知療法後，透過各種練習，像是正念吃東西、正念走路，把正念變成一個習慣，那個一直沒能被我運用的「同在模式」，才終於開始運作。

用正念吃東西的時候，我就不是稀裡糊塗地吃飯配手機，吃了什麼也不知道，而是好好觀察這個食物，用嗅覺體會它，用好奇的心情看著它。

或許你會說，不就是看嗎？不就是聞嗎？哎，剛開始練習真的很難，因為我常會習慣性地進入「行動模式」，想著這個食物有什麼營養，煮的時間要怎麼控制等等。因此剛開始做這些練習時，真是折磨死了，是要幹麼啊？又沒有實質產出，也沒有驚奇跑出來。

但是我知道，這個練習就是會開發我的「同在模式」，於是我就老老實實，一次又一次地把不耐煩的心給帶回來，如實地去欣賞食物，感受走路時肌肉的張力。練習久了，神經路徑就建立起來了，也就打開了另一個世界，開啟我的同在天線。就像將有地震時，動物會先感覺到一樣，同在天線開啟之後，我會憑空有了個念頭，想要寫一篇文章談論某件事情。不是因為看到了什麼，純粹是忽然有了個念頭，彷彿我的腦袋收到了個訊息，要我把某件事情寫成一篇文章，貼在臉書上。

通常事後都會證明，忽然會有那個念頭，是因為世界上某個角落有人有了那個困擾，發出了訊息，而我的天線收到了那個訊息，想要回答他的問題，所以我就把它寫了下來，發表在臉書上。

譬如在給職涯諮商時，我看見我的學生案主內心真正渴望的是另一個學門，但是她很堅持要走那個我認為不是她想要的學門。後來她去產業實習的過程中，忽然明白我說的話，嚇到要昏倒，覺得自己過去準備那麼久全都白費了，怨嘆著逝去的時間、青春與努力。就在那驚嚇的當兒，她看到我因為莫名念頭而寫的文章，上頭提到：「**別急，你得跳上正確的火車，才能到達你要去的地方。這些挫折，只不過是天使溫柔地拉著你，不讓你跳上去，不讓你離目標越來越遠而已。**」她告訴我，當她看到這句話才冷靜下來，覺得或許迷惘反而才能讓她前進，總比去讀了以後才發現自己不喜歡來得好。

回到我的「同在模式」上。在練習好好吃飯、好好睡覺，與食物同在，與睡眠同在後，我比較能夠全面性地看清事情，也能夠打開天線感覺到溫度的變化，發現芬多精在空氣中對我身心的影響，也比較能夠感受到別人的需要。話雖如此，我並不是說「同在模式」才是王道，因為你一定看過那種開啟了「同在模式」和宇宙同在，卻把工作做得亂七八糟的人。

畢竟要把飯煮好、把一篇公文寫好，還是需要「行動模式」才做得到。

所以**「行動模式」和「同在模式」需要都發展，兩者也需要平衡**。如果我只偏重「同在模式」，你是看不到這篇文章的，因為要把文章寫下來就需要「行動模式」的計畫、鋪陳、行動。為此還是要感謝我們的教育比較著重「行動模式」，然而在有了足夠的「行動模式」訓練後，讓我們透過正念練習來開發「同在模式」吧！

—洞察❷—

從一片樹葉移到整片森林

放下對「那片樹葉」的執著，
重新開始「鬆—緊—鬆—緊」交替地生活。

人愛美還是有好處的，尤其當你可以覺察到自己每天一點一點發胖的時候。詢問我家的專屬醫師（我哥郭P），得知我這次發胖的根源來自於過去兩個月，持續用一種「撐一下，再撐一下就輕鬆了」的心態寫論文。這種依賴意志力的努力，會促發身體分泌可體松，就像吃類固醇一樣，只要熬過一個關卡，可體松大量噴發，又會產生精神百倍、產能十足的爽感，讓我一次又一次地「再撐一下」。

但奈何人的能量就這麼多，如此一次又一次地仰賴可體松來透支，不僅讓我能量耗竭、無力修復身體，還導致不斷咳嗽，吃了好幾週的中藥也沒好。有一天，女兒嚴肅地對我說：「為了開學以後輕鬆，現在讓自己這麼操，操到咳嗽那麼久都沒好，妳不覺得這樣是本末倒置嗎？」我也知道為了以後有好日子，現在一直操自己是不合理的邏輯，然而那種只要熬過一個關卡，又會精神百倍、能量十足的爽感，讓我不可自拔。

就算女兒使出各種招數逼我上床睡覺，躺在床上的我也沒辦法一下就睡著，最後只能起來打坐，等副交感神經開始作用了才能睡去。而這個不可自拔的惡性循環，直到因為我愛漂亮、怕胖，詢問醫師為什麼會變胖後，才驚覺原來是這兩個月的拚命所造成的。因為太愛漂亮，所以我馬上放下暑假必須完成某篇論文的目標，把時間拉長到只要在年前完成就好。

當然，能夠馬上就放下，和我學正念與平常的練習有關——以好奇、好玩的心情與諸事相遇，把注意力「從一片樹葉移到整片森林」。很快地，我放下對暑假得寫完論文「那片樹葉」的執著，開始「鬆—緊—鬆—緊」交替，畢竟這樣的生活方式才能長長久久。

「從一片樹葉移到整片森林」的練習就像是，一開始做瑜伽某個動作時，你會覺得全身痛得要死，但仔細覺察身體每個部分後，會發現其實只有一個地方特別有感覺而已，其他地方是不需要特別用力的。而運用到生活中就如同，當我超討厭一個人時，我就會看其他的人，然後說，啊，旁邊一百個人都還是很可愛的；或是，啊，這個人只有嘴賤而已，但他還是很負責任，有一百個優點。用這樣的心情面對逆境，我就不會覺得人生很黑暗，或整天哀怨著怎麼會跟這個爛人綁在一起。

這兩個月「再撐一下」的體驗，教會了我三件事：

第一，當一個人業力大爆發時，無論這個業力是來自社會的框架、從小被教養的信念、前世未完的志業或今生來到這世界的目的，他都只會看到那片樹葉，如同被遮住眼睛兩側的馬，別的都看不到。這時候如果跟他硬幹，只會被咬，所以就**幽默地一點一點滲透他，至少會有一點提醒的效果**。譬如，女兒使出各種招數，像是躺在我的床上靜靜地看著我，逼我上床睡覺。

第二，**要改變一個人，不要貿然動手，先去探索他最在意的事，從那件事下手**。譬如，女兒溫柔地勸我一百遍，都比不過體重機上的數字。

第三，**平常要多探索自我，也要常去閱讀別人的觀點**，這樣你的眼中才不會只有「一片葉子」。當你偶然有機緣醒悟時，才會看到有整片森林的存在，不會只困在「一片葉子」上。

以我的例子而言，雖然我早就知道「再撐一下就會輕鬆了」的說法是騙人的，但當業力爆發時，我仍是看不到。將注意力從一片樹葉移到整片森林後，也就有了別的路可以選，不會困在不知道在拚什麼的窠臼裡了。

愛自己的內心小劇場

果然在停止瘋狂趕論文後，我馬上就瘦下來了，而能夠馬上斷絕寫論文的執念，主要是來自於「我夠愛自己」。雖然人家說愛自己很難、很抽象，但對我而言，愛自己是簡單的。尤其對我的家人來說，愛就是包容、體諒與如其所是，這使我轉換家人對我的愛到愛自己相對簡單。除此之外，我單身的時間長，這使我有很多的時間和自己對話，和身體的各個部分相處，如同團隊般溝通、協調、彼此相愛。

前面說過我把身體區分成幾個部分：身體叫「大妞」，她很努力地把物質身體維持好；認知叫「小博士」，她累積了很多知識，提供適當的時候使用；情緒叫做「七彩」，她會依照需要發出訊號，像是在生氣時會變成紅色，開心時會變金色；還有一個是靈魂，叫做「小精靈」，她帶著願望來這個世界，並想要實現它。

這次會發胖，是因為我和小博士做了個錯誤的決定「趕快寫完論文，開學後就會輕鬆了」，迫使大妞超時工作。大妞只好釋放出很多的可體松，讓我和小博士可以持續衝刺，但相對地，身體就一直胖起來，也睡不安穩。在知道自己發胖的原因後，當夜我召開全員會議。會議上看到大妞充滿委屈、胖、喘的樣子，我就知道不可以再壓迫最沒有聲音的大妞了。

我跟大家說，我們得好好想想，這樣拚命是為什麼？小精靈說這不關她的事，她來這世界不是為了在暑假趕完一篇論文的。於是我對小博士說：「那我們就改變想法，慢慢來吧，這麼趕只會持續透支，對誰都沒好處。」達成共識、放慢腳步慢慢寫之後，大妞很快地就收回可體松，十天內就瘦了一公斤。小博士也從頭髮亂亂、眼睛紅紅的狀態恢復正常。我的情緒「七彩」，從警報的紅色又變回了春天綠。

如果連你自己都愛不了自己，要如何愛別人？沒能力愛自己，何以期待別人有能力愛你？愛自己也是愛他人的前奏曲，也才能透過身教讓孩子學會愛自己。

——洞察❸——

一本愛的練習曲

認識與傾聽自己身心的聲音，
給予它包容，並依照實際狀態調整生活的步調。

進入學術界以來，我是沒有在管身體痛不痛、累不累的，只要目標在那裡，我就使命必達。

認識到有自己與自己相愛這回事，是從學了正念認知療法才開始的。做身體掃描時，我覺察原來身體被我操勞很久了，全身上下沒有一個地方是不痛的。從那個時候起，我開始疼惜自己，傾聽身體要跟我講什麼，有時把自己操得太過分時還會被身體責罵。記得有次上瑜伽課做雙鴿式時，老師對學員說：「手要盡量往前。你的左胯很痛我知道，它很辛苦，值得給它一個微笑。」於是我就對我的左胯微笑。但你知道它對我說什麼嗎？它說：「笑屁啊！笑，我就不痛嗎？還不快點把手縮回去！」但也因為我有好好地愛我的身體，所以以前那種舒張壓六十、收縮壓八十，感覺快要死掉的血壓數字，就沒再跑出來嚇人了。

還有一年寒假，我和哥哥跑到印度奧修中心去當翻譯。那時我翻譯了好多催眠、原生家庭探索、家庭排列之類的個案，從那當中，我也學會了如何去愛我心裡的小孩。那個生理已經長大也會賺錢的我，會潛到冰山下找到那個住在我心裡、瑟瑟發抖的小孩，陪伴她、安慰她，跟她說她很安全，跟她說她很棒。久了，那個冰山下的小孩也就浮上來了，現在我們常常會聊天。

就像前陣子我的論文被學術界 Benz、BMW 等級的期刊接受了，我就跟我內心的小孩說：「我們怎麼這麼棒啦！我們去吃茹絲葵吧！不用等人揪，我們自己去！」但我內心的小孩很不好意思地說：「不要浪費啦，要去也要帶孩子一起去啊。」我說：「可是我們這麼努力吔，又不是小孩的努力，他們要吃自己會去吃啦。走啦，我們自己去吃。」就這樣嚕來嚕去，最後我們達成協議，折衷後狂點外送來慶祝。

這樣和自己談戀愛的過程已經好幾年了，所以女兒已經很熟悉我的戀愛小劇場。這天，有學生因為其他課堂要求，要我寫些話給醫療人員打氣，還要站好給他們拍照。我把學生拍的照片給女兒看，說：「妳看，我好棒喔！我寫『有醫護人員的成全，我們才能這麼安全』有押韻吔！」

女兒說：「妳真的超愛妳自己的，一點點事也能自我感覺良好成這樣。妳要不要寫書告訴人家怎麼愛自己啊？」

我說：「好主意吔！說真的，自己跟自己相愛簡單多了。畢竟別人不會知道要說什麼才會讓你覺得被愛，但你知道自己最想聽到什麼，也只有自己知道收到什麼禮物才會開心。所以，還是自己愛自己比較快。」

女兒說：「但要愛自己，不簡單啊！我不覺得每個人都有能力愛自己，那是要修練的。就像我準備高考很累的時候，我絕不會跟自己說『妳已經很棒了』，我只會說『加油，還不夠努力，應該可以再盡力一點。』」

聽女兒這麼說，我才了解，原來這些年來我能夠與自己相愛，是因為我不是從理性觀點來要求自己，而是真的去傾聽與我相伴五十幾年身心的聲音，不僅給它很多的包容，還會依照實際狀態與需要去調整生活的步調。**以往我們都只在胸前抱著一本「規訓」，少了一本「愛的練習曲」，一切都不是跟著心走，而是依照別人的期待走，但別人又不是我們，不會真的知道我們的想法與需要，難怪不會覺得被愛、不會覺得快樂。**

為愛自己而做事

而我們都可以選擇放下規訓，改抱愛的練習曲，永遠都可以選擇要愛自己更多。

就像前幾天，我除了晚上回家睡覺外，人都在外面，所以房間超亂的。看到今天下午有滿滿的行程，我緊抓上午僅有的幾小時，打算把房間收拾乾淨、把信回完、把學生的論文修改完。我快速收起某位老師送我的繪本，歸檔我昨天拿到的證書，接著開始回覆信件。

但忽然間，我停下來覺察自己問：「我的心情呢？」如果讓我評量此刻的愉悅程度，從一到十會是幾分？喔喔，愉悅程度是零分。那我幹麼這樣折磨自己啊？

明明繪本是個禮物，但在收它的時候我卻沒有感受到愉悅；明明那張證書代表，我學習到新知識可以幫助別人，但歸檔的時候我卻沒有感覺到愉悅；明明聯絡演講事宜，代表著我可以傳遞不用打小孩也有可以和孩子好好相處的方法，是件好事，但是當我急著回覆信件時，我卻沒有感受到任何的愉悅。

所以，我告訴自己：「等一下！」然後問：「為什麼急著把房間收拾乾淨？」「因為我認為房間『應該』要乾乾淨淨的。」；「為什麼房間就『應該』要乾乾淨淨的？」「因為現在不收拾乾淨，等到晚上回家已經很累，看到亂亂的房間，心情會更不好。」；「為何看到亂亂的房間，心情會不好？也有人的房間很亂但心情並不會不好啊！」「因為我受的教育告訴我，房間亂亂的是不對的。」；「但為什麼沒有做到教育教的事就會心情不好？又沒有傷害到誰？」

經過一番覺察才發現，原來當我沒把房間收拾好時，就會覺得自己不乖、不符合社會期待，若不符合社會期待就會招致批評。原來我的內心深處恐懼被社會排斥。

若以恐懼的心與這些禮物、美好事情相遇，實在是太不值得了；若以恐懼來對待自己，實在太對不起自己了。所以後來我決定做幾個呼吸，告訴自己：「我選擇因為愛而去做所有的事情。」

於是，當我坐下來看研究生的論文，我選擇用愛的心情來看。也因此，當我看到學生沒校稿時，我才會耐心地在空白處寫下：「這一頁至少有五個錯字，我先不看了，等你修改完再幫你看。」而不是開頭就罵「你真是個不負責任的人，你以為我是你的校稿員嗎？」用愛來回應，不須貶低他，又可以讓他負起責任。

我喜歡在做一件事情時，是清清楚楚地知道自己為什麼而做。我喜歡覺察自己是因為愛還是因為恐懼而做。**因為愛而去做每一件事，能讓我日日如沐春風。**

洞察❹

陪伴內心的恐懼

面對恐懼不需要說：「有什麼好怕的！」
而是要喚起或創造成功的記憶與經驗。

恐懼人人會有，現在來講一個我好久以前就很恐懼的事：我的疾厄宮下十年化忌，意思是下個十年，我的健康會陷入一種「缺」的狀態。

然而這個盤繞內心已久的恐懼，在我執行間歇性斷食後有了巨大的轉變。仔細覺察下，我發現執行不過三天，精神就變得超好，除此之外，過去我總會無意識地抓癢，但在間歇性斷食後明顯減少許多，身體也不像以前那樣重重的，而是輕輕的。總而言之，我從間歇性斷食中獲益良多，於是我就想要檢驗一下，這種奇妙的經驗會如何反應在命盤上。

沒想到，命盤仍是顯示今年我的疾厄宮化忌，整個身體會在「缺」的狀態，也就是我的身體並「不好」啊，那……那為什麼我會覺得身體輕盈舒暢精神好呢？

我想起過去也有個類似的經驗。有一個十年，命宮顯現有一支大刀（擎羊），所以那時候我也是緊張兮兮地防守，避免大刀從任何一個角度砍向人生。

但後來發生的事是——那十年我超愛做醫美的，還發神經似地跑去抽脂、雷射除腿毛、雷射去斑……做那些侵入性而且痛得要死的醫美。直到後來某一天，我忽然大夢初醒「女人的美是在腦袋裡，不是腦袋的外面。」這才對醫美失去興趣。回頭想想，那個十年的大刀就是侵入式醫美啊，當時搞得我緊張兮兮的防守，其實也是白費了。

所以原來啊，現在我的疾厄宮化忌，身體的那個「缺」，不正是因為我在間歇性斷食，身體會餓，所以才會「缺」嗎？但這個「缺」或許讓我身體少了平常習慣的食物，心情卻是愉悅的，更因此體會到「缺」所帶來的美好。

人類的腦袋都會編故事，如果你總是恐懼會發生什麼不好的事情，那你真的不用算命，嚇都嚇死你，然後在自己嚇得半死之後，才發現事情完全不是你想像的那樣，全是白擔心一場。

以愛出發必得愛的結果

回顧有記憶以來到現在，當我的心念是以恐懼出發必得恐懼的結果，以愛出發必得愛的結果。就算「以愛出發必得愛的結果」這個信念是我的幻想，但我還是得說，懷抱著愛的幻想，我真真實實地感受到「事事好容易」。

看到網友給我的憤怒留言：「一個大學教授居然不知道香港的貧富差距有多嚴重。你們一家兄弟姊妹能當醫生、教授，歸根究柢是本身家境不錯，足以讓妳揮霍青春再迷途知返；要不然就是當年機會成本不高，妳才有回頭的可能。在香港，就算當律師、投行家，妳知道多久才能買一間四十坪的房子嗎？真是站著說話不腰疼，灌雞湯。」

我完全相信網友由苦楚所堆疊起來的生命經歷，因為我也曾羨慕別人含著金湯匙，可以少奮鬥三十年。然而，除了苦楚之外，我還有一部分的生命經歷則是由愛堆疊。在愛與恐懼兩個信念間拉扯，恐懼給足了我苦頭，愛給足了我甜頭，自然而然，愛的神經路徑越來越強壯，而生活也慢慢變得越來越容易。

我的父親是研究員，他的薪水養四個孩子僅足以飯飽，因此言明頂多讓我們念到大學，想要有其他發展得自求多福。所幸家裡的金錢有限、但愛無限，我的父母不碎唸、不貶抑、情緒穩定，也不以學業成就論高低，因此我們家手足都還算挺喜歡自己、愛自己的，也有餘力愛別人。

在「以恐懼出發必得恐懼」的經驗上，我牢牢記住爸爸說過的一句話——「不讀書就會餓死」；可是我兄弟記得的版本卻是「不讀書就得去挑大便」。之所以會有不同的記憶，可能是因為我愛吃，所以怕餓死；而我兄弟怕髒，因此怕大便。

為了不餓死，我立志要嫁個絕對不會讓我餓死的男人。果然嫁給前夫沒多久，他就繼承了一大筆遺產，我的願望完成了；然而生命沒有辜負我另一個強烈的心念——恐懼餓死，短時間內，這筆遺產轉眼成空，而且是發生在我出國讀書前最需要錢的時候。

既然一窮二白了，那我怎麼出國讀書？這就和我「以愛出發必得愛」的生命經驗有關了。我之所以想出國，是因為曾經做過身心科、肢體障礙機構社工，在台灣當時的社會，沒有學歷，講什麼人家都不會聽。出於愛，我想出國讀書讓自己變更強，才能服務更多人。

或許是以愛為出發，我出國的錢可說是從天上掉下來。同事幫我募款、McGill 給我獎學金、加拿大政府也提供零用錢支持留學生養育幼年子女。就這樣靠著善款，我念完碩士、修完博士班的課程，回台灣有穩定的教職支持，可以一邊念博士、一邊單親養活小孩，寒暑假還可以回加拿大寫論文。這一路走來，我的父母沒有能力給我任何金援，靠著不相識的人們，平安完成學業。

吃到愛的甜頭以後，我養成時時檢視心念的習慣：現在說這句話、做這件事情是以愛為出發，還是以恐懼為出發？

我算是糖尿病的高風險族群，即使已經低醣飲食了，糖化血色素值都還是在疾病邊緣。我的兄弟已經實行一日一餐，力勸我也試試，看狀況會不會好一點。當時我真的很害怕以後可能截肢、瞎眼，掙扎一陣子後，便開始一日一餐。初期真的很痛苦，害怕沒得吃讓我更想吃。然而恐懼實在是太痛苦了，於是我決定換個角度看事情。

我向來把身體和器官當作是「他者」，一起來這個世界與我共襄盛舉、完成願望。我很愛它們，也愛我自己。為了愛它們、愛自己，我決定用愛來進行一日一餐，懷抱著愛，過程果然變得容易多了，至少心情不再那麼折磨。

就算「以愛出發必得愛的結果」是我的幻想，我所得到的好處或許只是幸運，但我還是得說，懷抱著愛的幻想，我真真實實地感受到「事事好容易」。

洞察❺

擺脫恐懼的無限迴圈

不管要不要，恐懼都會以各種方式反覆出現，
直到你正視它、回應它，
才有可能破除心魔，讓生命有更大的可能。

女兒跟我說，宇宙物理學有講到一個概念：當物質與反物質相遇後會變成「空無」，化為無限可能。這句話讓我著迷，因為這個理論似乎回應了我的人生經驗——在我的生命中，有些事我從不覺得是個問題，但別人

卻一直覺得是個問題，或者別人從來不覺得是個問題，卻是我心心念念不斷恐懼的事。

先講我不覺得是問題，但別人覺得是問題的議題。好比我常常出國，從來也沒被騙過、偷過、搶過或欺負過，但旁人總是會灌輸我「法國人很驕傲」之類的。可是我在法國實際碰到的經驗是，某次捷運卡刷不過，就有個人走來默默幫我刷卡然後轉身離開；有次我迷路，一個男人跟我講了半天，發現我對地理位置完全沒有概念後，不僅帶我去要去的地方，還一路介紹法國的特色。他帶我靠近一個住家，跟我說：「妳看，我們法國人住所外面可能平凡無奇，不過裡面卻大多有著繁華似錦、盛開的花朵和精緻的布置。」

每當我跟人家說到那些受陌生人幫助的經驗時，人們經常回我說，因為妳是女生，尤其是法國男人都喜歡幫助女人。但實際上那些幫助我的人，從沒跟我要過聯絡方式，反倒是我跟他們要聯絡方式想表達感謝，對方卻不給。

還有人說去英國也要小心，有很多竊賊。但我去英國時就算包包的拉鍊壞了關不起來，只能背著破包包走來走去，上下人擠人的地鐵，裡頭的東西從來沒被摸走過。就連住在青年旅館，我那名貴的 RIMOWA 行李箱沒上鎖，裡面的東西也沒被偷過。

我回想何以經驗中沒有這樣的旅行議題，最後我想是因為我的腦袋中向來沒有會「被占便宜的」念頭。譬如不管再忙，當學生找我，我一定會放下手邊的事來跟他們談；就連不認識的學生，我也不會計較他們是不是我的學生，只要你來我就跟你談；我也不會計較自己才領多少導師費，還是會做點心給導生吃、陪他們玩牌卡。

然而這不代表我完全把自己打開，毫無限制地說：「來吧，來占我便宜吧！」我之所以敢讓陌生的法國人帶路是因為那時是白天，我敢背著破包包是因為重要物品都在貼身袋子裡。要是有想占我便宜的人出現，我會意識到他的意圖，會基於慈悲心而拒絕他，因為我知道如果我不拒絕，我等於是在幫他做壞事。所以在我的生命中，被占便宜的議題已經過關，這議題對我而言並不存在，甚至也真的很少會遇到意圖占我便宜的人，就像物質與反物質相遇，就成為了「空無」。

但我從小就被師長們罵，因此「怕聽到難聽話」的議題，卻是始終存在的。即使不是在罵我，但每當我聽到批評別人的言語，說誰誰誰怎樣時，我就會很難受。有趣的是，當我越怕聽到難聽話，我就越會天天聽到難聽話。我還有一個「怕餓死」的深層議題——如同前面所提，從小我爸就一直告訴我，不讀書、不工作會餓死，導致我深深相信，往後做所有的決定都要避免餓死。

面對終能跳脫

就像當初我會堅持要嫁給前夫，是因為他騎著野狼機車載著我在山裡跑來跑去，只要餓了他總是可以變出食物給我吃，所以我確定跟這個人生活一定不會餓死、怎樣也要嫁他。然而，我越怕餓死，就一定會有事情發生。當前夫把家裡的錢都投到期貨上，發生了嚴重的財務危機時，就挑戰到我「怕餓死」的神經，我便連滾帶爬地帶著孩子逃跑，開始過著成為單親媽媽、經濟也不充裕的生活。

當時的我只想著要逃離眼前的坑，沒想到卻因此掉進另外一個坑，然後為了要離開那個坑，又掉進去另一個更大的坑。

幸好我很早就學會自我探索了，讀大學時我就知道自己有「怕餓死」的議題，並且把這件事從潛意識提到意識層面來面對。而生命也不辜負我的恐懼，創造了各種場景，讓我體會其實餓死也沒有那麼嚴重，也會願意面對餓死的恐慌。當然在這一連串的考驗中，餓死從來沒有發生過，只是一遍一遍像在洗念頭那樣，直到恐懼在我的腦袋裡慢慢褪色。

最近因為糖化血色素值已經到了糖尿病階段，所以我開始日中一食。雖然不是刻意要去面對餓死這個議題，卻也意外發現，就算真的餓好像也不會死，而且還不會太難受。這個學習讓我知道，**生命中充滿了喜歡與不喜歡的事，不需要去沉溺，也不需要去逃避**。我只是選擇不以吃東西來消滅餓的感覺，我選擇時時刻刻看著自己的餓，並且接受這個感覺。

然而就在我以為怕餓死的議題已經要過去時，生命就是這麼有趣，它又開了另外一個場景，讓我更扎扎實實地面對怕餓死的議題。

身邊的朋友幾乎無一例外地跟我說，以後如果人沒有意識了、不會醒過來了，不會選擇插管，想要有尊嚴地走。其實我也是這麼想，所以我早跟兒女講過一千遍：「不要給我插管，不要救我。」而他們也明確告訴我：「不要只是說，要白紙黑字寫下來，不要讓我們背罪名。」所以在病人自主權利法通過後，為了不讓孩子們為難，我打算白紙黑字把我的願望寫下來。

在預約好諮商，簽署決定書之前，我仔細閱讀了文件內容——如果我末期了、昏迷不可逆轉了、變成永久植物人或極重度失智，我希望接受維持生命治療嗎？這沒問題，我勾「不想」；如果我末期了、昏迷不可逆轉了、變成永久植物人或極重度失智，我希望接受人工營養及流體餵養嗎？怕餓死的議題以白紙黑字的方式正式對我提出了挑戰。說真的，如果不是因為先前日中一食親身體驗長期飢餓的經驗，閱讀到這裡我應該就會卡關了。然而正因為生命巧妙安排日中一食的體驗，使我知道餓沒有那麼恐怖，所以，對於選擇「不想」也就沒有猶豫了。

生命真的太有趣了。**你越在意、越害怕、越恐懼的事情，就越會像被困在虛擬情境的遊戲裡無限輪迴**，遇到的事情會重複出現，不管你要不要都不會消失。**直到我們意識到這個議題，願意面對、願意做一個最好的選**

擇，生命才會安排下一階段的進階課程，引導你一步步破關，直到這個議題成了「空無」。唯有當這個議題化為空無，你的生命也才有了更大、更寬廣的可能。

洞察❻

走出生存恐懼

時時感恩會讓你富足，
讓你更有力量去追尋真正想要的。

有個學生來找我諮詢。看到諮詢預約單上記載了滿滿的豐功偉業，真的把我給嚇到。他不僅參加過各種偉大的校際活動，還被選去當國際活動的學校代表，那些都是我年輕的時候怎麼努力也做不到的。此外，他年紀輕輕就已經在大公司兼職，也參加了扶輪社之類可以累積人脈的社團。我好奇像他這樣職涯已經有好發展的年輕人，為什麼還需要來找我諮詢？

學生跟我說，他其實是看了我的文章，知道自己不能再為恐懼而做事，才來找我的。經過他解釋，我才了解，原來他並不是因為興趣而參加這些校際、國際及業界的社團活動，也不是因為興趣同時做三份兼職，而是出自於恐懼。因為恐懼，他什麼機會都想抓，唯恐沒有抓住，以後需要的時候就無計可施了。

我告訴他說：「老師看到你提了八個水桶吔，有沒有覺得好重？」

學生說：「好重。」

我繼續說：「那放下一個好嗎？」

學生說：「不要。」

我改問說：「反正你也提不動啦，如果要選一個放下，你要放下哪個？」

學生回說：「我都不要放。」

好。那換個方法吧，跟他玩牌卡。恐懼的力量雖然強大，但渴望的力量更強大，所以我想試試在看到自己的渴望後，他會不會集中火力在選擇想要提的水桶。結果學生選的牌卡，都是渴望恬靜的生活、幫助他人之類，和他目前參加的職能活動與社團很不一致。我問他為什麼會有這樣的落差？他說，如果吃不飽，就沒辦法享受恬靜和幫助別人。

於是，我又換個方法，帶他想像八十歲時要怎樣的生活、旁邊要有什麼人，希望這個方法可以讓他放下不需要的水桶。但無論是七十歲、六十五歲、五十五歲、四十三歲……他的想像都是旁邊沒有人。我問難道是不喜歡旁邊有人嗎？他說不是，他覺得自己都顧不好了，怎麼能顧好別人？從那次的會談，我跟他都真真實實地看到了恐懼，這恐懼來自於看不到自己擁有什麼，只看到還沒有發生的匱乏。

我告訴他，人之所以會恐懼匱乏，是因為在嬰幼兒時期，身心能力都不足，只能向外求助，也就是說我們得靠別人的照顧才能活命，因此在神經路徑上，習慣了外求。也因為這樣的經驗，才會在成長過程中不斷地討好別人，或是想讓自己變強以便擁有資源，企圖藉此消滅匱乏的恐懼。但偏偏有時候你要的人家不給你，或是給你的不見得是你要的。我們才會經常活在快餓死的恐懼中，不斷地抓、拿，想著抱滿懷的資源總會有用到的時候。

但在我學了正念認知療法後，覺察到很多東西不是我們努力來的，而是不需要做什麼就已經擁有了，譬如什麼都沒做，皮膚就會保護我不被細菌吃掉；什麼事都沒做，太陽就照下來讓我感到溫暖；什麼都沒做，我就有捷運可以搭。這和從小到大，我們一直被提醒「你是匱乏的」、「你是不足的」並不一樣。當然，現實生活中的匱乏和不足確實存在，但除此之外，我們還擁有許多的人、事、物啊！所以學了正念認知療法之後，我時時懷著感恩的心過生活，感恩我所擁有的。

像是有時候半夜我躺在床上，感受到沁涼的空氣從落地紗窗透進來，那時我心裡就想：「啊，有空氣真好。」有時候當我走在通往研究室的長廊上，就會想起得到這份工作時的幸福感，於是我心裡就想：「啊，有工作真好。」**我從來沒有試圖去逃離對匱乏的恐懼，反而是換一個感恩的心情，時時感恩我所擁有，不視之為理所當然。**

在你時時感受到「有」的時候，怎麼會覺得缺乏呢？**不需要逃離匱乏，時時感恩便會讓你富足，讓你有力量去追尋你真正想要的，而不會沉浸在恐懼中，精疲力盡地提著八個水桶。**

將注意力移出腦袋來穩住心情

然而有時候我們理性上都知道不需要那麼焦慮，但那種不安的感覺總是說來就來。好比女兒考完高考的當晚，還是又跑來我床上吸氣場，她說：「我保證等一下一定回自己的床上睡覺，但我現在需要和妳在一起，感受沒事的感覺。」

我問：「沒事的感覺？有什麼事嗎？」

女兒說：「我理性上知道沒事。就算沒考上也沒事，反正我們家的家訓是養活自己、不要麻煩別人就好。或者是暫時待在家沒上班也沒關係，畢竟現在投履歷出去找兼職或等放榜都是需要時間。但我仍然覺得好像有什麼事情要發生，或是擔心自己漏了什麼，遑遑不可終日。妳會覺得是我想太多了嗎？」

我說：「放心，妳沒有想太多，人類的確是被這樣設計的，妳的反應很正常。在遠古時代，沒有社會安全制度、設備與技術保護，人類得不斷地巡弋有沒有動物或敵人出現，若天有異象，就得趕緊移動到安全的地方。後來就算有了社會安全制度、設備與技術的保護，但這個巡弋的習慣卻已經內建了。然而這個功能要省著用，學習在不必要的時候把它關小一點，以免虛耗太多能量，否則需要用的時候能量耗盡，就沒得用了。」

女兒問：「要怎麼關小呢？我就是會忍不住地去想、去檢查，深怕有什麼事情漏掉了。」

我說：「這點我倒是挺有經驗的。我從小就迷糊，常常東西忘了帶，錢包忘了帶，有時連便當也會忘了帶，而我媽又是那種會堅定但溫柔地讓我被自然法則教導的人，沒有到快死的地步，她絕對不會出手救我。因此我每天都在想：『我又忘了什麼？』為了避免自己犯迷糊餓肚子或陷入窘境，我設計了很多防呆方式，但即使如此我還是忍不住一直想：『我又忘了什麼？我又忘了什麼？』焦慮得不得了。

「最後為了要終結這個無謂的焦慮，我使用的方法是，想到什麼就寫下來。不只是寫下來，還要把這些字看進心裡，不然同樣的事就算寫了很多遍還是會掛心。譬如今天要去拿火車票，我就會寫下來，然後靜靜地看著『火車票』三個字，把這三個字看進心裡，讓內心的巡弋者清清楚楚知道，我有寫下來了，於是就安心了。

「再來就是把注意力移出腦袋。」我告訴女兒，人的注意力會引導能量，當我的心感到不安，就代表我的巡弋功能正瘋狂地被啟動到最大，這時若掃不到任何東西就會更加焦慮地用力掃描，最後造成注意力無謂地空轉，能量大流失。意識到自己沒來由地不安時，我會雙腳穩穩地踩在地上，注意腳踩在地上的感受；或是坐在椅子上，我好好感受下半身和椅子每一寸的接觸，有著一種蹲馬步，紮好下盤，誰也推不倒的心情。

享受那個細微的過程。

享受呼吸。

享受自己存在這個空間的感受。

這樣好好地做一輪，差不多三分鐘，原本的注意力被移出了腦袋，內心的巡弋者就可以好好休息了。如果你在上班的時候焦慮來襲，可以依照上述的步驟做做看，要是怕人家覺得你怪，也可以去廁所做。每天練習下來，定心的效果很可觀，神經路徑也會被建立起來。

如果連三分鐘的時間都沒有，也可以把注意力移到正在做的事情上，想像眼前這件事是你的情人，與它協調共舞，與它相互回應，就會把注意力從無謂的焦慮，轉到手上這件如情人般的事情上。相信透過上述步驟，可以幫助你的巡弋機制不空燒，真正地獲得休息。

洞察❼

當他人的話如芒刺在背時

聽到讓自己不開心的話時，
試著去檢視這刺耳背後的原因，
這些話所代表的信念真是合理的嗎？

常常看網友們分享，有一種人每次說話，總會令人不開心，但他一看你不高興了，又會說自己沒那意思或是你想太多，彷彿跟他吵就是自己小鼻子小眼睛似的。我當然也有這種啞巴吃黃蓮，有苦說不出的經驗，就像我有個從學生時代就認識的朋友，她就非常有一秒惹怒我的功夫。

曾經我被她惹怒的狀況是，她把手放在我腰上，輕輕一捏，笑盈盈地說：「長肉了唷？」這舉動頓時讓我感到生氣，但心裡又很清楚人家講的是事實，我能怎麼樣？就算不談身材，她也還是有辦法惹怒我，譬如有次她說：「我記得妳小時候講話沒有台灣國語吔。」聽得我敢怒不敢言，因為只要我翻臉，她鐵定會回答：「台灣國語不好嗎？妳為什麼要生氣呢？妳對台灣國語有意見嗎？」等等，反正到最後有問題的一定變成是我，而不是她。

對我來說，她就像是照妖鏡，總是反映出我自己沒辦法接受自己的問題，所以只好盡量不要見到她。

後來學了很多心理學、社會學與正念認知療法的知識，學會認同自己的優勢在於頭皮下的腦袋，而不是臉蛋跟體重，所以決定她要說就給她說。但最近一次見面，她看到我的第一句話竟然又是：「郭葉，開始有老態了唷！」聽到這話還是讓我覺得很煩，即使已經很快地轉念往「人就是會老，要不然要怎麼辦」的方向去想，但是沒用，我內心深處是非常不高興的。

不過這次聚會中，每個人都談起自己心中的恐懼，她說自己好怕像其他同學一樣，退休後頭髮也不染、越來越胖，穿的衣服越來越寬鬆，所以她不斷地鍛鍊身體、參加各種活動……這時我才突然理解，為什麼她總是能夠惹怒大家。因為她大腦的掃描功能特別旺盛，見到任何人，第一件事就是掃描有沒有哪裡是不完美的。只要看到不完美的東西，她就會不舒服，不吐不快。

在理解她的心情後，我對她的惱怒便完全消失了，想到她每天從睜眼開始就不斷地被不美好的事物電擊，那是多麼的不快樂啊！也因為看待她的角度已經不同，所以我便把過去從她這面照妖鏡所看到自己不完美的地方，通通再拿出來檢視一遍。我再度把身體「大妞」、認知「小博士」、情緒「七彩」給找來一起開會。

七彩說之前那種不舒服的感覺，是來自於小博士通知她說，舉凡胖、老、台灣國語都會被看不起，所以她才會變成憂鬱的藍色。然後我們靜靜地看著大妞的胖、老和台灣國語……看著看著，心裡覺得不忍，畢竟大妞承載著我們已經五十幾年了，怎麼可能還是纖瘦與青春洋溢啊？而且生活在大稻埕，和街坊鄰居講台語，說出來的話就是台灣國語啊。

於是我和小博士意識到，不准自己變胖、變老，讓大妞因此被嫌棄，真的太不合理，也太過分了。所以我們決定，要好好接受不再年輕、不再纖瘦的事實，進而又討論起明明會講台語是我的光榮啊，而且我說台語的時候很有氣魄，演講時都會讓聽眾有一種神威感，為什麼被說台灣國語，第一時間是覺得被冒犯呢？

經過大腦搜尋一番後，我和小博士找到了殘存在腦袋裡，那個講台灣國語會被認為是下等公民的兒時記憶。這個信念在我兒時保護我不被霸凌，但已不適用。我在感謝過這個信念後，把它好好地送走了。

探索無名火的根源

通常人會生氣、被惹惱都有具體的原因或有脈絡可循，但有時候心中就是會頓時升起一把無名火，讓人摸不著頭緒，不知情緒從何而來。就像前陣子，和幾位朋友聊到彼此近況，也談起一位不在場的共同好友曉琪最近發生的事時，允文就格外氣憤。

允文說：「曉琪的公公過世後，先生想把媽媽接來家裡住，但曉琪卻說需要有自己的生活空間，家裡多一個人會沒辦法放鬆。她這樣很自私吔，還說婆婆既沒有養她又會嫌她，為什麼要給自己找麻煩？可是妳想以後她婆婆過世，還不是會繼承財產？要拿人家財產又不照顧，真的很自私！」

我問：「妳的意思是說，她婆婆過世財產會轉到她名下？」

允文說：「不是啊，雖然財產是轉到老公名下，但她也會享受到啊。」

我問：「確定她以後會享受到嗎？」

允文說：「我怎麼知道？夫妻是一起的，不是都一樣？」

我問：「所以我們不能完全確定，她本人是否真的拿人家財產又不照顧？」

其他朋友也紛紛站在曉琪的立場，談到社會期待媳婦要照顧公婆，可是對媳婦又沒有什麼實質好處，而且就是因為「嫁進來」的概念，還得遵守公婆定下來的規則，在給與取不平衡之下，大家都能理解為何曉琪堅持不跟婆婆同住。然而允文仍然講得氣噗噗的。

我問允文：「妳怎麼對這件事這麼在意啊？」

允文說：「我？我哪有在意？」

我說：「妳對這件事的情緒，顯然遠遠高過於在座的所有人。」

允文想了想說：「真的吔，我怎麼那麼有情緒啊？」

聊著聊著，我們聊到了玉嬋和詩詩公司裡的一位同事。這位同事很愛當大姐頭，明明不是主管，卻喜歡指揮人家做這做那，什麼都以「我最懂」之姿去指導人家。有趣的是，玉嬋講起這位同事是義憤填膺的，但同樣是同事的詩詩卻沒有太大反應，只淡淡地說「她就是這樣啊」、「她的個性嘛」、「她是家裡的老大，習慣了」。

我又把看到的情緒張力，提出來問氣噗噗的玉嬋：「感覺妳對這位同事的情緒遠遠高過詩詩。妳和她有過節嗎？」

玉嬋回答：「沒有啊。我們不同部門沒有什麼互動，只是看不慣。」

我說：「真的很有趣吔，為什麼我們對某些事情會特別敏感，但同一件事別人卻好像沒事似的。」於是，我們開始探索著各種可能性。

允文說，或許曉琪不願意孝順婆婆，讓她想起以前媽媽被嬸嬸欺負的事；玉嬋說她對大姐頭型的人會特別生氣，是因為看到她的行徑就想起自己過去總是被媽媽嫌棄不夠好的回憶。但和玉嬋感情最好的詩詩，馬上吐槽她：「妳自己還不是個大姐頭，什麼事都要管我、嫌我。」

最後我也自首：「聽起來無論是為什麼，當我們對一件事情特別有情緒時，那可能代表著我們擁有類似的議題。其實我和玉嬋一樣，特別討厭愛指指點點的人，只要跟那樣的人相處，就會無名火起，連身體也會痛，這或許是因為我小時候學業很差常被嫌棄。雖然後來有努力讓自己學業成就變好，但只要碰到有人像老師似的指指點點，就會勾起我被嫌棄的回憶，於是無名火起。」

玉嬋說：「真的吔，就算不是針對我，但只要碰到這種愛指指點點的人，我都會超級憤怒。那妳克服這種情緒了嗎？」

我說：「還沒有。但能夠看見也算有了第一步，表示我願意誠實地面對與處理這個議題。」

散會後在回家的路上，我一直想著這個議題該怎麼面對？只是我一時間想不出方法，也可能是我根本不想面對，所以我換個方法想：「如果是玉嬋問我應該怎麼面對時，我會給什麼建議？」我想我會說，每個人從小都會採取一些保護機制來存活，有些人是用討好，有些人是用開玩笑，也有些人是虛張聲勢地警告人。無論哪種方式，都是他讓自己存活下來的方式，只要了解背後的原因，或許就能放下怒氣。

後來我深吸一口氣，告訴自己：「不能光說不練，我得先選一個，讓我不舒服但還是得常常跟她相處的朋友來練習。」要開始練習真的很難，因為我不怎麼喜歡這朋友，不想去同理她，但我告訴自己還是得試試，畢竟過幾天就要見面了。

我回想起她曾說過小時候家裡很窮，人家有芭比，她只有好成績。成績好可以當班長，當班長可以管芭比人，所以她得一直維持好成績才能當班長，也才會有安全感。但有一次老師把班長的位置給了芭比人，她的世界就都崩解了——她發現原來成績好不夠，還得會討好老師才能維持高位。想到這裡，我的眼前出現一個充滿恐懼的小孩，害怕自己被看不起，所以腳尖踮得高高的，努力想要被老師看到。看見那個小孩的害怕，我好像懂了，原本心頭那塊揪得緊緊的部分忽然鬆了下來。

當你對一件事情起了無名火，心裡特別過不去時，或許可以透過問自己問題來探索這把火的根源：這件事情或這個人，讓我想到什麼事或人了？我自己是否也像那個讓我看不下去的人，而我不喜歡自己這個樣子？就算這把火沒辦法馬上消除，議題也沒辦法一下子就有解答，然而為了將來能夠自在坦然，仍值得我們投注心思去探索與面對。

—洞察❽—

心情好，世界自然美好

覺察！

覺察到正在陷入流沙，是讓你不要壞心情的第一步。

哈囉，大家好，我是郭葉。咱今天要來講「正念不等於轉念」的故事，這件事是發生在我日行一萬步的時候。（模仿 YouTuber 老高）

當時我走在路上，看見一個小孩淒厲哭喊，雙手死命拖住媽媽，嚷嚷著：「前面沒有……前面沒有……」他媽媽應該是平常有在練，完全沒被小孩激怒的樣子，依舊安穩地向前走。只是剛好我跟他們走同一方向，所以會一直聽到孩子的尖叫，聽久了耳朵也是很痛。突然，小孩的阿嬤出聲大叫：「打下去啦，給他打下去啦！」也真的作勢要打小孩。

此時我的教師魂上升，大腦幻想著各種場景，譬如衝上去拉住阿嬤說：「不要打他啦，打他又不會讓事情好一點。」另一個在腦袋浮現出來的幻想則是蹲下來跟小孩說：「你想要什麼，我會聽。」當然我也知道真的出手的話，只會讓自己看起來像個怪阿姨，對事情一點幫助都沒有。而且尖叫的小孩和想打人的阿嬤都處在情緒賁張的狀態，根本不會聽一個怪阿姨在說什麼。

說時遲那時快，這位始終平靜的媽媽快速地用身體擋住阿嬤，嘴巴仍然不說話，態度溫和而堅定，而她的身體下方依舊是那個死命將她往後拽的小孩。

看到這裡，我就像其他所有的人一樣快步走開，極度想要脫離這個令人煩躁的場景。然而身體脫離了那個場景，心卻沒有真正脫離。我邊走邊厭世地想：「別人家的事情不要管啦。」但卻又馬上憤恨不平地覺得：「世界上就是有這種人（那個想打人的阿嬤），才會製造出攻擊別人的小孩。」；「這種豬隊友的存在是要做什麼呢？幫不了別人還要拖人家下水！」

突然，我意識到自己已經開始要陷入流沙了——我就要進入「今天心情不太好，雖然沒有發生什麼大事，但就是覺得不太順利」的前兆。

這時，我趕緊煞車！

覺察！覺察到正在陷入流沙，是讓自己不要壞心情的第一步。然後我開始練起正念。有練過正念和沒有練過的差別在於，一般人碰到這樣的狀況會覺得生氣、煩，然後想說轉個念、不要管它就好。轉念不是不好，只是有風險，因為少了前面幾個步驟。

怎麼說呢？一般人會急著要那個生氣快點過去，所以除了生氣之外，還會加上「急」。然而越急就越氣，偶爾還會加碼氣自己，「管人閒事幹什麼啊，氣屁啊！」於是讓自己氣上加氣。

真正的「轉念」，是在情緒和念頭離開後自然發展出來的。

練起正念後，我平靜、沒有情緒也沒有念頭地走到北門站，忽然「叮！」電燈泡亮了，我想到一件事，證明這個世界還是有希望的，那個希望就是那位偉大的媽媽。她的能量真是強大啊！能夠以溫柔和堅定的態度，抵抗尖叫的小孩和暴衝的阿嬤，世界上有這種人實在是太有希望了！氣頭上什麼希望都看不到，在情緒和念頭離開後，我看到了希望。

或許你會說，正念也好，生氣怨恨也行，這個世界都沒有改變，地球也一樣在轉，那麼，練正念有什麼好處？有，對自己好。**你身體好，心情好，就會覺得世界很美好。**

走出憂慮的死胡同

當意識維持在正念中，注意到生活美好之處，或許比較不容易被恐懼綁架與折磨。

我任職的學校規定學生除了要完成本科系的學分外，還得多修至少一個學程以增加就業競爭力。一開學，我就收到一張學生的職涯諮詢預約單，大意是除了系上的課，她多修了兩個學程，煩惱自己會不會修不完而延畢。

奇怪的是，即使我引導她列出煩惱，她也理出了屬於自己的解答，但我們對談的過程中，她卻是不斷用手捲著頭髮，焦慮地喃喃自語：「好煩喔，好煩，怎麼辦？我都不會。」

我問她說：「我看到的妳真的很有能力，不僅兼顧三個學程，還名列前茅，而且所有的問題其實妳早有解答，但妳卻不斷地說『好煩喔』、『我不會』，這和我看到的妳相當不一致。」

學生說：「我也不知道為什麼會這樣，從小我就一直很擔心。」
我說：「擔心什麼？」
學生說：「不知道。大家都說我笨笨的。」
我說：「誰說妳笨笨的？」
學生說：「我爸媽。」
我說：「但老師不覺得妳笨啊。」我舉出好幾個證據，想讓她看見她並不笨，但「好煩喔」、「怎麼辦」、「我都不會」，還是像背景音不斷地出現。我無法理解，為什麼學生看不到她很有能力的事實，卻深信著自己很笨。

搭捷運回家的路上，一個背著小包包的孩子一直看我，跟我玩躲貓貓。我跟孩子的媽媽說：「妳的孩子好可愛！」媽媽卻心很累地回答：「妳不要被他的樣子給騙了，他很難搞、很頑皮，一點都不聽話。」

我相信這孩子在家肯定難搞，頑皮不聽話，但彷彿有層東西擋在那裡，讓媽媽看不到這個正在和我躲貓貓的小孩是可愛的、社交的、友善的，眼前的孩子被定格在家中難搞、頑皮、不聽話的印象中。

然而同一瞬間我也了解，為什麼學生會一直複述那句：「好煩喔，好煩，怎麼辦？我都不會。」或許她也被家人定格，常對她複誦：「妳是個什麼都不會，令人擔心的小孩。」使她總是浸泡在憂慮的情緒中。我反思自己，是否也曾浸泡在不合理的信念與情緒中？哎呀，我也有。

有陣子社群媒體一直在講溫室效應，說南極的冰會融化，台灣將要被淹沒。周邊有朋友說：「逃吧，逃出國！」但即使能逃到外國躲末日，沒辦法吃穿營生也是枉然。因此除了節能減碳，我也跟著大家浸泡在恐懼與無助之中。

後來我想要拿牛津正念中心的師資訓練證照，其中有一個環節是要參加止語閉關。終於在法鼓山參加禪二時，透過做八式動禪，我找到了走出憂慮死胡同的方法。

做八式動禪時有個指導語：「享受雙手拍打肩膀的感覺」。其中「享受」這兩個字實在太美好，可以讓我整個意念都沉浸在享受著肩膀被拍打與接觸的感覺中，忘卻了台灣島將沉沒的憂慮，而原本瀰漫在內心的恐懼也逐漸散去。

「啊！或許台灣島會沉沒，但沒辦法阻止我享受當下肩膀被拍打與接觸的感覺。」我想。

即便有一天我會得重病，有一天我會死，有一天地球會毀滅。但這些都沒辦法阻止現在我享受呼吸、享受刷牙、享受雙手可以移動、享受喝咖啡的感覺。當我整個意識沉浸在「享受」中，便不再受恐懼綁架與折磨。

如果你也正被破壞性的信念與憂慮所糾纏，不妨試著享受你正在做的每一件事。洗澡也享受，打字也享受，剪指甲也享受，你會發現浸泡在幸福中，擺脫痛苦變得好容易。**感恩，會帶你從理所當然中，重新感受到舒服與喜悅。**

正念小故事❺

消除情緒風暴

1. 將身體、情緒與念頭各貼上一個標籤

我先辨識一下當下浮現出來的情緒，貼上一個標籤「生氣」；再辨識一下當下身體的變化，貼上一個標籤「喉嚨想要大叫」；最後辨識一下，把當下浮現出來的念頭，貼上一個標籤「豬隊友」。

其實這個時候我才覺察到「小孩哭啊」、「世界灰暗沒救啊」這類事比較不會惱怒我，最會惱怒我的是「豬隊友」。有時候整件事你都不知道自己在氣什麼，就像我所經歷的這件事一樣，開始辨識後，你會發現有一個最核心引爆你的概念。

2. 陪伴我的身體、情緒與念頭。

接著我就陪伴這個身體、情緒與念頭。

①陪伴情緒

我感覺一下我的情緒，覺察到「啊，我在生氣」。我陪伴著我的生氣。我沒有問自己為什麼生氣。我知道我為什麼生氣啊，不用問了。我現在就只是要來陪伴我那內心氣噗噗的小孩。

②陪伴身體

陪著陪著，我的情緒覺得夠了，我轉向感受我的身體。我的喉嚨快要叫出來了，有一個能量堵在那邊。我想像我大叫，「啊～～～～」、「啊～～～～」、「啊～～～～」。

③陪伴念頭

內心想像的吼叫秀結束後，感覺比較舒坦了，我轉向好奇地看著「豬隊友」這三個字。有念頭跑到別家的豬隊友事件，我就輕輕地拉回來看這三個字，免得亂在一起又一團毛線了。

④注意力移向自己以外的四周

看著看著，覺得情緒、身體念頭都得到足夠的關注，我的注意力移向旁邊的店的五顏六色，我開始觀察最近流行的衣服。走著走著，走到北門站的時候，剛剛的情緒風暴悄然已過，彷彿一場夢。

—洞察❾—

沒有過不去的坎

頓悟只是開端，
梳理糾結的毛線球得慢慢來，一急就理不清了，
一點一滴地理，事情遲早會過去。

有位已經畢業的學生曾在高三時因情傷而自殺，對這段不堪的過去一直覺得很丟臉。大學畢業後，她選擇離鄉背井到遠方工作，美其名是偏鄉教師比較好考，心裡卻盤算著，都已經離家這麼遠了，應該沒有人會知道

她的過去。但好死不死，跟她同高中的隔壁班女生，竟然分發到同一個鄉的鄉公所工作，讓她整個大恐慌，很擔心自己的黑歷史會被揭發。

學生跟我說，她也知道那女生不見得知道這件事，就算知道或許也早忘了，但她就是恐慌到想要離職，只是礙於考上偏鄉要綁六年合約，一時也走不了，不知道該怎麼辦。我跟學生說，會恐慌是一定的，所以請她先去找那位女生敘舊，順便探探她對這件事有多少記憶，如果她記得，就認真地拜託對方不要提起這件事。

學生說：「老師，妳跟別人講的都不一樣。別人都是說要面對，不要害怕。」

我說：「別人說的也沒錯，但首要任務是妳得先把眼前的危機給解除，才有能力去面對這件事。」或許是發現我沒有批評她的意思，學生又好奇地問：「我理性上知道其實這沒什麼，如果有朋友碰到一樣的事，我也會這麼跟她說，但為什麼我會過不去？」

我說：「如果妳願意的話，可以跟我說說整件事。但不要勉強，等妳想談再說也可以。」

學生點點頭說：「我想談。我想讓老師知道，」她接著說：「我們從國中三年級開始就是班對，彼此家人都知道，雖然高中不同校，但同學們都知道我們是在一起的。我們兩人一起讀書、一起補習，幾乎做任何活動都在一起。但就像所有的愛情故事一樣，他對我的感覺昇華成家人，後來碰到另一個女生，沒辦法再愛我，而我不能承受多年的感情付諸東流，就割腕了。

「當時事情鬧很大。爸媽很失望，他們覺得我為了一個不是家人的人，忘了父母的養育之恩，我自己也覺得很不應該，覺得自己好像哪裡壞掉了。往後這件事就像鬼魅一直跟著我，影響著我的人生規劃，甚至刻意躲到鄉下，以為這樣就可以埋藏這個恥辱。老師，為什麼我還會看不開？我也去諮商過了、重新站起來了，為什麼還是沒辦法擺脫這件事？」

我說：「其實妳很正常吔！我沒有安慰妳喔。老師跟那麼多人談話，知道幾乎每個人心裡都有一個『坎』過不去。像我有個學生在國中時對喜歡的男生告白，卻被對方嫌胖，整個人大受打擊，勵志雪恥。但即使現在的身材已經像名模一樣，她仍然恐懼自己很胖。這個經驗讓她看世界的眼光和別人不一樣，也看不到自己已經比平常人瘦非常非常多。」

學生說：「但那是為什麼啊？我也聽人家說過得厭食症的人，永遠都覺得自己不夠瘦，都快死了還不吃。」

我說：「對啊，所以妳很正常。因為大家都有過不去的坎。像我剛剛講的那位學生，當時被拒絕已經夠難過了，還被傳出去，變得大家都知道，整件事等於有好幾股強烈的情感糾結在一起：掙扎要不要告白的焦慮、被拒絕的恥辱、全校皆知的羞辱等等。這些情緒糾結在一起，形成復仇的動力，推著她變瘦，讓她後來變得好多人追。這下子，一定要瘦的概念在她腦中形成神經路徑，即使餓到要死了，都還堅信著一定要瘦才有人愛。」

學生說：「所以老師的意思是，強烈的情緒會形成強烈的信念？」

我說：「對，而且時間會拉得很長，像滾雪球似的各種情緒會越滾越大，信念也就越來越強烈與複雜。」

學生說：「那我是不是也是這樣？雖然事隔多年，但那件事帶來的羞恥與愧疚並沒有真的離開，現在又加上怕被發現的恐懼，於是情緒越結越大，變成理不清的毛線球。」

我說：「理不清的毛線球，真是很傳神的譬喻。」

學生說：「我真希望自己快點頓悟。」

我說：「慢慢來，現在有看到就很好了。很多人以為頓悟就會沒事，但其實頓悟只是開端而已。**要梳理糾結的毛線球得慢慢來，一急就理不清了**。至少現在妳已經知道為什麼會放不下過去，往後的日子妳一點一滴地理，碰到類似的事就省思一下，遲早有一天會過去的。至於現在呢？妳還是先去找同學談談吧，畢竟妳還沒有到可以坦然面對的時候，先了解她知道多少，如果知道很多，就請她把事情放在心裡不要說出去。」

逃避不可恥也很有用。每個人心中都有一個坎，那個坎是很多情緒糾結在一起所形成的，無法立刻斬斷。所以先看到就好了，不用急著處理。

仁慈地接納自己有任何的狀態，有意識的省思會帶著你一點一滴地融化心中的那個坎。

—洞察⓾—

真正的答案

不管你是探問者或是被探問的人，
探問之後發生的事都是個好機會，
因為探問，不只會讓對方看見，更會讓自己看見。

我的朋友告訴我，她使用掃地機前會用掃把先把地掃過一輪，我內心默默翻了白眼：「用掃地機就是為了不要自己掃地啊，這麼做不是很蠢嗎？」

直到某天，我光腳站著工作（自從我哥警告久坐會早死，現在我都是站著使用電腦），腳踩在地上感到沙沙的不舒服，我想快速解決腳下的觸感，懶得啟動機器，於是拿了掃把來。掃著掃著，地上聚集了長長的頭髮，那一刻，我忽然領悟，原來應該被翻白眼的是我，不是我朋友。

掃地機很方便，但難免會將頭髮捲進機器裡。清潔機器時，清頭髮的時間恐怕都多過於掃地，這也是我朋友先掃一輪地、再用掃地機的原因：多花一分鐘掃地會大大減少長髮被捲入的機會，便不用花大把時間清理掃地機。

我告訴女兒：「演講時，我都會跟家長說，看到不認同的事情要先停一下，用好奇、探索的態度去了解孩子的行為，而不是用翻白眼、批判的態度去質問。現在我自己就犯了同樣的錯誤，幸好，當時我沒有衝口說出讓自己像個白痴的話。」

女兒問：「好奇提問和批判質問，兩者有什麼不同？」

我舉了一個例子：「譬如家裡的老大總是去捉弄老二，家長若生氣地問他：『為什麼要這樣做？』這種質問態度所得到的答案會很單一，老大只要回『就很好笑啊！』想笑是一種感覺，家長又不能阻止他想笑，一下就被句點了。

「若改以好奇的態度提問，家長就可以探索發生了什麼事讓他想笑？或是探索他只笑老二，還是笑所有的人？

「如果他只愛嘲笑老二，家長就可以多探討老大和老二之間的關係、兩個孩子各自與父母之間的關係，這可以幫助家長判斷嘲笑背後的動機，是否存在著嫉妒或更複雜的情緒。

「如果老大對誰都一樣，那可能是透過貶抑他人、膨脹自尊的現象。這是普遍人性，不需要責罵，而是改以引導他體會被笑的感受，引發出同理心。

「更進一步，若透過探問了解到家中長輩會戲弄老大，而老大的行為純然是模仿，那就可以透過引導他覺察被戲弄嘲笑的感覺，藉以引發其同理心；同時也可以讓長輩知道戲弄孩子對孩子所造成的影響，討論可以用什麼方式來玩，減少意料外的模仿效應。

「用好奇的態度才能找出真正的根源，幫助孩子改善行為。」

懷抱好奇用心聆聽

如果你期待能夠改善和家人、顧客、學生的關係，與他們互動時，先停一下，不急著回應或企圖用你自以為的道理說服他們，而是懷抱著好奇心問吧！唯有問，你才會得到真正的答案，也才能有最合適的回應。或許因為你問了，對方會因為你願意聆聽而靠近。

前陣子聽了一場人力資源的演講，講者說他的總經理每次說話都是，「你錯了」、「我沒那麼說，是你誤解我意思」，千錯萬錯都是對方的錯，永遠不是他的錯。在幫總經理換了好多個特助之後，人資主管乾脆就跟應徵者挑明了說：「我們總經理就這樣，也走了很多特助，你自己考慮吧。」最後應徵上的是一位怯生生的、長相平常，資歷也平常的女孩，只因為她說：「我爸就是這樣。」後來這個女孩做了三年多，直到結婚搬到另一個城市才離開。

講者的意思是學歷跟工作沒有一定的關係，但我在上課的時候把這個故事講給學生聽，是要他們想想這故事還有沒有別的意義。有學生說：「這個故事要我們濾掉批評，別去聽貶低人的訊息。」也有人說：「人際圓融很重要。」或者：「人要把自己變得更強，不要困在不愉快的關係裡。」

然後，有學生問我：「這個故事是要講什麼？」

我說：「你的回答就是答案。」

「如果你是來找我諮詢的人，我會接著你的話提問：你認為這個故事傳達了『濾掉批評』，是因為想起了什麼？而認為『人際圓融很重要』的人，我也會問，是什麼事情讓你這樣回答？或者相信『要把自己變強』的人，我同樣會問，這麼回答是基於什麼樣的經歷？

「我們回應問題時，經常是從自己的角度出發，很少會站在對方的生命經驗，去了解他為什麼會這樣說，為什麼會那樣做。所以**如果你希望改善和家人、顧客、學生的關係，就先停一下，不急著回應，也不要企圖說服他，先懷抱著好奇的心，問吧！**」

—洞察⓫—

以好奇擴展生命

兩個人太過密合，
就會像一個系統流不進活水，
會整個停滯無法與外面的世界互動。

和蕭蕭失聯了十年，忽然收到她的來信，約了個加拿大不會太早，台灣也不會太晚的時間通話。在看慣許多伴侶彼此互傷後，和蕭蕭的敘舊，算是我第一次見到神仙眷侶離別所帶來的重傷。

我曾經到蕭蕭家住過幾天，知道她和丈夫就像神鵰俠侶般，有著對望一眼或一開口就知道對方要做什麼的默契。那段日子我們仨在屋裡各做各的工作，有時會一起泡茶、談哲學、聊政治，卻從沒聽過他們會批評誰誰誰怎樣。他們倆個頭都很高大，帶著我去健走時，常常並肩而行如施展輕功般，心無旁騖不費力地快步移動，直到想起我的存在，才很抱歉地回頭找我。感覺他們倆只要擁有彼此就足夠了。

後來我們分隔兩地，我也忙著在台灣這端的生存，沒想到一晃眼十年過去，等蕭蕭這次再度找到我時，她先生已過世數年。蕭蕭說，這段時間她哀痛逾恆無力與外界聯繫，直到覺得自己不能再這樣下去，才慢慢和朋友恢復聯絡。

「對我而言，走出來是那麼地困難，再也沒有這麼美好的人在我的生命中了。」蕭蕭說。

「和女人談話，她們總是煩惱老公孩子，講化妝品、食物、衣服，這些我沒興趣；和男人談話，他們就只談行動、只談政治，但卻從不談感受、不談一件事給他們的省思，跟他們談話，我也沒興趣；和山友們登山，他們花太多時間停下來喝咖啡，我更沒興趣。我的先生對我是如此地適恰，他不會停留在煩惱中，衣食也是夠了就好，更別說他可以全神投入一件事令我激賞。但他走了，就如同一座山崩塌了一半，而我再也不完整了。」

我說：「這是多麼大的失落啊。感覺妳不只失去了先生，還失去了一種生活型態，和全部的人際關係。」

感受差異，與世界接軌

蕭蕭說：「為什麼上天要這麼狠，奪走我的全部呢？」

我說：「大哉問啊。或許生命正以一種奇妙的方式在推著妳，讓妳不得不跨步前行。就像從學校畢業，即使妳眷戀著老師、同學，畢業了就是畢業了，就算妳想留下來也沒有辦法。也或許你們之間已經圓滿，先生早一步啟程到另一個地方展開新生活。這個失落雖然痛苦，但當妳準備好了以後，或許也是一個擴展生命的機會。」

蕭蕭說：「我不想擴展生命，我只想要他回來。」

我說：「但我觀察到妳已經有所不同了。因為妳也覺得不能再這樣下去，開始想要找回朋友，有沒有可能雖然妳還是想念他，但內心深處也預備好要擴展新生命了？」

蕭蕭說：「這麼說也有可能。但我身邊的人想的事都好狹隘，我反倒好奇妳怎麼都不會對身邊的人感到厭倦？妳的心裡都在想些什麼？」

我告訴她：「我的確對衣服、化妝品興趣缺缺，不談感受的人也讓我摸不到邊，但是我想是因為我很好奇。我好奇為什麼女人總是在擔心，為什麼男人總是討厭講感受。所以透過聽朋友說他的煩惱，我就不用親身經歷也能感同身受，感覺我的生命也因此擴展了；聽著朋友談論我不在行的化妝品、衣服、食物、政治、商業，就好像我也與世界接軌了。或許就是好奇讓我和與我完全不同的人相處，仍然不會感到厭倦。」

「人類圖」有個概念是，兩個人互補的部分越多，關係可以說是越圓滿。但如果兩個人太過密合，就會像一個系統流不進活水，會整個停滯無法與外面的世界互動。雖說在關係中，**自成一個自給自足的小系統，能夠和諧沒有挑戰或衝突，也讓人感到幸福。然而，人會死、會病、會變，再安定的系統也終究有崩毀的**一天。

雖然神仙眷侶是我們所欽羨的，和樂不爭吵的家庭是我們嚮往的，但，還是讓我們用好奇心打開所有的可能性吧！**雖然異質性的人、事、物會帶來衝撞，但同時卻也能感受到不同的溫暖、支持與愛，若能以好奇心接受與擁抱其他系統的人、事、物，也能使自己所處的系統更茁壯、有彈性而不致凋零。**

第3章

擁抱自己與世界

——連結——

同理人的喜怒愛樂，
願意與挫折、逆境、痛苦同在，
懷抱著感恩的心，
將每一次的考驗當作是壯大自己的機會，
風雨過後就是滿滿的收穫。

—連結❶—

陪伴氣噗噗的自己

如果遇見內心的小孩，別罵他了，
拍拍他、抱抱他，告訴他：「你做得很好了。」

雖然寫了許多和情緒相關的文章，但每逢有人問，氣噗噗時是不是要轉移注意力？我都沒辦法很乾脆地回答「是」或「不是」，因爲在轉移注意力之前，還有個更重要的步驟——陪伴情緒。而這個步驟，需要經過八週時間循序漸進的訓練，才能夠接得住強烈的情緒和感受。

為什麼我會說，氣噗噗的時候不能馬上轉移注意力？因為氣噗噗的時候，硬是轉移注意力，結果就是那股氣還是在，只是暫時被忘記，一旦哪天被勾起來，你都不曉得自己怎會積怨得那麼深。況且馬上轉移注意力，有點像是老公看到老婆生氣，用裝傻、裝笨的方式來轉移老婆注意力一樣，只會讓她更加火大：「你到底懂不懂我在氣什麼啊！」實在不是個好主意。

既然不能馬上轉移注意力，要做什麼才好呢？這時候要做的事情就是「陪伴」，像個溫柔的爸爸、媽媽、耶穌或是神一樣，靜靜去陪伴那個在內心氣得又叫又跳的小孩，不是勸他不要生氣，也不是勸他趕快去做點什麼轉移注意力。只要靜靜地陪伴就好，讓他知道，「我知道你很生氣，就讓我陪你一會兒吧。」

但是陪伴並不容易。有練過的人，就算孩子在地上又吼又叫地翻滾，依舊可以不動如山地等待著；沒練過的人，孩子不過哭五分鐘就崩潰了。要怎麼練這個「陪伴的基本功」呢？

首先，你要能夠一口一口專注地吃一頓飯，要能一次一次專注地呼吸，習慣靜靜看著一樣東西，好奇而不批判地看著。如此一來，往後碰到強烈的情緒，才有能力靜靜地陪伴它，不急著把不舒服趕跑，也不會隨著情緒波動。如果你還沒有機會去學正念認知療法，就先試試看好好咀嚼與品嘗每一口飯、專注每一次的呼吸，維持越久越好。

假以時日，就算你還是沒有能力陪伴氣噗噗的情緒，也能因爲心與口的滿足而瘦下來。

你已經做得很好了

陪伴生氣的自己要像陪伴一個生氣的小孩，然而有的時候人會莫名地感到憤怒，部分原因還真的是遇到了「小時候的自己」。

同班同學分組合作，總有人會多承擔一點，文依就是。平常下課她會來找我蹭一下，小聊一下，但這次她很認真地跟我約了時間要談，讓我感覺有點不對勁。文依跟我說，組裡有個傲嬌小公主總是撒嬌耍賴，看到她就覺得無法忍受，甚至有想要攻擊她的衝動。但她知道小公主其實沒那麼壞，也覺得自己反應太誇張，所以想找我幫她搞清楚是怎麼一回事。

我試圖想釐清她爆氣的點，便問她：「妳是生氣她都不做事，還把事情都推給妳？」

文依回說：「但同樣的事別人推給我做，我卻不會有那種衝腦門的怒火。」

我又問：「那妳是因為感覺到什麼，所以怒火衝腦門？」

文依想了想說：「好像是那種我一定會幫她解決的感覺。」

我聽了，身體一緊，覺得這感覺好熟悉。文依是個非常負責任，會扛起一切的女孩，但每次她在我身邊繞來繞去時，我的確也有種她覺得我可以為她「解決天解決地解決所有事」的感覺，如果我說了什麼肯定她，她還會有一種得到保證、如釋重負的樣子。所以，會不會在看到傲嬌小公主時，她和小時候的自己相遇、看到自己了？

於是，我試著問：「妳覺得她像誰？她的那種想要全部賴給妳，覺得妳可以為她解決天解決地的行為，讓妳想到誰？」

文依想一想：「沒有吔。」

我又問：「如果妳在家，想要家人幫妳解決事情時會怎樣？」

文依冷笑道：「怎麼可能？我肯定馬上被唾棄。我媽會說，大家都很忙，要自己想辦法；我姊會說，妳以為妳是千金小姐，每個人都有義務幫妳嗎？」

接著我小心地探詢：「那有沒有可能，妳看到傲嬌小公主時，就像看到小時候的自己？」

文依大驚：「對吔，就像看到小時候的我，懊惱自己什麼都不會。」

我繼續問：「對於什麼都不會的妳，妳的感覺是什麼？」

文依說：「嫌惡。我討厭帶給人家麻煩的我。」

我整理文依的回答，說：「所以看到傲嬌小公主就像看到小時候的妳，讓妳感到嫌惡？」

文依說：「可是我現在不是那樣了啊，老師妳有看到，我現在已經不是那樣了。」

我說：「是啊，從大一開始，妳就是那個會統整一切，讓我完全放心的人。但我猜測可能是妳看到她，就像看到小時候的自己，所以想訓誡她：『妳以為妳是千金小姐，每個人都有義務幫妳解決問題嗎？』」

文依說：「我沒有想過是不是，但也許我真的是這樣。」

我說：「其實每個人都會這樣啦。我也不例外。」

文依驚訝地說：「老師也會嗎？」

我說：「其實我是個脾氣火爆、講話直率、很會得罪人的人，但沒有人這麼說我。可能是因為小時候只要我的這一面顯現出來，我媽就會很冷靜地回應，讓我看到自己的暴衝有多麼不堪，慢慢地，我就修正到，連自己都看不見自己有脾氣火爆、講話直率的部分。然而，只要身邊的人講話很衝，或是不顧人家的自尊心時，我就會特別嫌惡與生氣。為什麼別的事情，我不會有這麼劇烈反應？像如果人家說我是驕傲的母雞，我就不會那麼氣。」

文依問：「為什麼？」

我說：「因為我知道我不是驕傲的母雞。」

文依說：「所以老師的意思是，一個人會對一件事有劇烈反應，都是因為心裡有個坎？」

我說：「是的。還好後來我學了很多自我療癒的方法，現在看到講話很衝，或是不顧別人自尊心的人也不會那麼難受了。譬如當我覺察小時候的自己出現時，我就會用成人的身分告訴她：『妳很棒，能夠做到不衝口而出，也會顧慮人家的自尊。』這樣做可以讓我心裡的那個小孩得到撫慰與鼓勵，而不是背負著罪惡感。此外，對那些講話很衝的人，我也會默默在心裡想：『啊，我了解你的不舒服，辛苦你了。』當我這樣想的時候，彷彿也是在撫慰那個小時候的我。其實暴衝的人，心裡也是很矛盾和不舒服的。」

文依觸類旁通地問：「所以，有時候父母會對小孩有很大的情緒，會不會也是因為他們看到了小時候的自己？」

我說：「很有可能喔！雖然情緒與行為有著百百種可能，但這的確是一個很大的可能性。」

如果你也遇到小時候的自己，別再罵他了，拍拍他、抱抱他，跟他說：「你做得很好了。」然後，內心裡的那個小孩就會跟你一起長大了。

正念小故事 6

生氣列車

我有位朋友被迫離婚，沒辦法，老公不想跟她生活在一起，不是誰的錯，也沒小三，可是就很氣。理性上她知道離都離了，氣也只是氣死自己，很想不要氣。而所有的理論也都說要接受自己很生氣。

她的問題是，然後呢？還是氣啊！我都接受我生氣了，氣怎麼還不走啊？

她問我，要怎樣才能不生氣。

我說：「生氣這件事很神祕，什麼時候會走？有一部分和妳對這件事情的看法有關，有時候則和神經路徑有關。如果妳前夫討厭妳的地方，剛好也是妳心裡默默討厭自己的地方，那妳就會氣到天荒地老，直到妳不討厭自己的那一天。如果妳生氣是因為覺得他害妳離婚、變社會的敗犬，那就很簡單了，妳天天看郭葉老師的臉書，每天被滲透，認同女人被離婚也還好。一旦潛移默化發生了，消滅了敗犬概念，自然就不氣了。如果是神經路徑不斷增強，讓自己氣不完，那就可以試試『生氣列車』這個方法。

「首先要認識到『生氣』是一種能量；『生氣』自己一直氣又是一種能量。被離婚這件事妳本來就氣了（1），再加上生氣自己怎麼一直氣（1），那就等於氣上加氣（1+1=2）；如果每天都生氣，又每天想我為什麼那麼沒用一直生氣（1+1+1+1+1……），那就永遠氣氣氣不完了。想要不氣，就要練『生氣列車』。

① **覺察到自己忍不住要氣起來了。**
② **想像有一台列車遠遠地開過來。**
③ **給它貼個「生氣」的標籤。**
④ **你可以選擇不要跳上車，至於要停要走隨便它。**

「每次『生氣列車』來了，都這麼做。沒有了+1+1+1+1……一直加能量給它，它沒油了（就是沒有能量的意思），很自然就不會來了。」我繼續說完。

氣氣氣不完嗎？試試「生氣列車」、「悲傷列車」、「嫉妒列車」（名字的標籤隨便你貼），挺有用的。

—連結❷—

來到面前的都是好事

別求一生無病無災，
感恩平常的小病小災給予機會磨練，
遇到大浪來襲時才能抵擋得住。

有一天，腦中閃過一個念頭：如果一個人認為功成名就才是好事，一生都在為這件事努力，但他卻生了大病或年老力衰無法有所成就時，他會怎麼看待自己？在腦袋發出這個問題後，宇宙果然也不辜負我，讓我陸陸續續從備課、瑜伽課、閱讀或從別人傳來的影片中得到答案。

簡而言之，我領悟到的答案是：**人的痛苦皆是來自「應該」，來自於什麼是好什麼是壞的認定**。只要跳脫「應該」與「好壞」的認定，無論什麼事來到你面前，都把它當作是好事，那就海闊天空了。無奈，熱情的宇宙老師覺得光是懂這道理不夠，還安排了一連串的衰事，來考驗我是不是真的懂了。

宇宙先給了我一個簡單的練習題——去某校演講後，我的隨身碟就中毒了。這考驗沒啥難度，因為我向來有備份的好習慣，Mac 和學校的 Windows 系統也都有防毒軟體，損失不慘重，加上平常有練「觀無常」，所以碰到這種無妄之災，我也不會去糾結為什麼會發生在我身上。認命地重新做幾個檔案，這個小災也就這樣結束了。

但顯然宇宙覺得這個考驗太簡單了，又接連降下了好幾個大冰雹、大火球來考驗我。

沒多久，好友急電我，說有人在傳，我講了某位長輩很難聽的壞話，那位長輩也馬上打電話來罵我。雖然我被罵得很委屈，也不曉得傳言是從哪兒開始的，但因為平常有練，所以能馬上同理他說：「如果有人這樣說我，我一定也會很生氣。不過，我很確定自己沒說您任何難聽的話，但如果是我說了什麼讓別人有錯誤的解讀，我就真的需要改進。所以你可以告訴我，那個人說了什麼嗎？」

後來，也有人打電話來澄清說，話不是他傳的，還說要幫我調查清楚是誰說的，要幫我闢謠。就因為平常有練，我馬上有能力同理他說：「我相信話不是你傳的，也謝謝你想要還我清白，但流言這種事就是越描越黑，所以我想就到此為止吧。況且，若有人惡意抹黑我，一定是我哪裡讓人不舒服了，以後我會更小心維護別人的自尊心。不曉得我這麼處理，你覺得如何？」

雖然我覺得委屈也很生氣，但透過平常就有在練的同理心溝通，即使碰到這種十年一遇的人際危機，也就在當天順利解決了。

沒想到，後來又發生一起兩位助理誤會我要辭退他們的烏龍事件。對此我實在覺得很委屈，因為我是先聽到他們說，工作、課業兩頭燒，覺得快沒辦法呼吸了，才會主動提問：「如果覺得時間忙不過來，需要離職的話，我能夠了解。」我以為這樣可以讓他們有台階下，但他們卻曲解了我的好意！

不過，我還是能馬上同理他們，說：「聽起來，真的很像老師在暗示你們要主動辭職。但沒有啦，老師是心疼你們，如果你們願意繼續幫忙，那就太好了啊。」再一次，雖然我超級委屈、超級生氣，但因為平常有在練**同理心溝通三部曲**，**也就是同理**、**回應**、**邀請對方回應**，即使碰到這種好心被雷親的衰事，也能在當天就解決了。

練習很重要

然而，宇宙並沒有這樣就放過我，硬要來個最後一擊。後來，有外國學者來校訪問，同事急電我一起去接待，說這樣場面才不會太難看。結果我一到場，同事的介紹詞居然是「最吵、最愛問問題、最過度表現的來了」，我聽了簡直要吐血。不就是你怕場面冷，才找我來的？雖然當下我超級想安靜，讓他嘗嘗我不吵、不問問題、不熱情的樣子，但最終還是以國際交流為重，我依舊讓外國學者感受到被熱情地歡迎與接待。

雖然這些宇宙給我的挑戰，都在事發當天就結束了，但接連好幾個事件卡在一起，使我整個人彷彿被毒打一番，開始懷疑人生。我開始鬼打牆繞來繞去地想：「他為什麼要這樣對我？」、「我對他們太好，讓他們爬到我頭上了嗎？」、「我要讓他們嘗嘗不被支援的滋味。」等等，然而也就因為好在我平常有在練正念，所以我知道自己開始向下螺旋了。這時如果不趕緊止住念頭，我就會陷入情緒流沙中無法自拔。

於是每當我覺察到自己越想越生氣，氣到彷彿腦袋籠罩在伸手不見五指的濃霧中，我就會停止反芻這些念頭，把注意力放在身體最緊繃的地方。這些情緒壓在我的胸口、我的胃、我的喉嚨……然後依照正念認知療法教導的步驟，試圖給這些情緒名字，譬如「憤怒」、「想要報復」、「悲傷」、「不值得」。

有時候情緒太強烈了，強烈到我很想說服自己「算了啦，哪有什麼好生氣的。」或是想要哄騙自己轉移注意力，趕快忘記這不舒服的感覺。但我始終還是會依照訓練教導的步驟，拒絕逃避與轉移，老老實實地陪伴情緒，彷彿自己是個大人，安安靜靜陪伴著正在生氣的小孩。除此之外，我還去買好多好吃的東西，像是酸菜白肉鍋、很厲害的起士，暢快地大吃大喝一頓，然後好好地睡覺與追劇。如此持續了好幾天，快要一週了吧？有網友敲碗說：「怎麼那麼久都沒寫文章啊？」終於讓我起了想要把這場宇宙給我的重量級考驗寫下來的念頭，但我發現，咦，我的情緒早已散去，猶如放完鞭炮，煙霧已經散去，只留下一點殘餘的硝煙味了。

Yeah！這場考驗結束了。

煙霧散了，我的腦筋也清楚了，既然「來到我面前的都是好事」，那回顧這次的無妄之災，我學到了什麼？我學到最重要的是：**修行不是光看雞湯文就可以，一定要練！**

千萬別求一生無病無災，平常碰到小病小災要感恩，因為有這些小考驗才有機會練習，無論是練忍辱、練精進、練溝通或是練正念，不管是什麼都需要平常練習。**透過小衰事來練習，當你遇到大病大災來時，才能大事化小、小事化無，所有的風風雨雨你也才能頂得住。**

—連結❸—

想像我已經擁有了

當我感受到滿足，
那個催促我去行動的力量，
就會因為心理的滿足，
不會一再地催促我去得到實體，據為己有。

前兩天發生了我超級想養狗，女兒及時阻止我的事件。
「想要而要不到」實在不是件舒服的事。但或許是從小父母都不太管我，所以我的想像力和創造力沒有受到太多限制，也或許是透過感恩的正念練習，使我的大腦開發出另一種得到滿足的方式，讓我對於「想要而要不到」的欲望，有個不錯的應對方法。

方法一是**把虐心、不舒服的渴望當作重感冒，不急著想「怎麼還不好」，而是靜靜陪伴自己，盡量讓身心舒服些，照常做喜歡做、想做的事，然後「重感冒」就會在不經意中不見了**。不過這個方法就怕急，怕你平常沒有體會到怎麼讓自己身心舒服些，就怕你平常做的事都不是喜歡或不想做的事。因為若是平時沒有養成習慣，臨時抱佛腳就使不上力了。

如果不能執行正念認知療法所教導的如實接受與陪伴，或許可以試試另一個方法，那就是**「想像我已經擁有它了」**。以我想要養狗為例，我會去想像狗狗已經和我在一起了。我的眼睛會如同真的看到牠一樣，看到牠的毛黑黑、亮亮、茸茸的，看到牠的肚子圓滾滾的像個球。而我的手也會如同真的觸摸到牠般，感受牠的毛柔軟細緻，身體熱熱的像個小火爐。

依據大腦的運作法則，不會管是否真的有這隻狗存在，大腦只會管有沒有「感覺到」我已經擁有了。於是當我感受到滿足，那個催促我去行動的力量，就會因為已經被滿足了，不會再一直催促我去得到實體，據為己有。拜託！若真的有一隻狗，我不只需要處理牠的大小便，還得帶牠去散步、幫牠洗澡，或許當我叫牠時，牠都懶得過來。

同理，當我非常想要一個物品時，我也會這麼做——我會跑到百貨公司，靜靜地站在那件我好想買，但我知道價錢不太美麗、穿在我身上也不見得好看的衣服前，靜靜地把它看進我眼裡，感受它美好的質地。

這個方法聽起來或許很不可思議，但大部分的人多半有過以下的體會。如果沒有靜靜地體會、感恩眼前的食物是如此珍貴，即使滿漢全席在眼前也不會覺得好吃；如果沒有靜靜地體會，即使出現在眼前的人有多麼珍貴，再可愛的孩子你也只會覺得煩。或許是體會與感恩所有的存在，已成為我強大的神經路徑，加上長久的練習，因此即使沒有實體的物質，我的腦部也可以透過感恩與享受，得到滿足。

正念小故事 7

一秒變豐盛

女兒原本要去上機車駕訓班，但因為颱風擦邊過，去不成，氣噗噗躺在我的床上。我和她一起躺著耍廢聊天，摸摸她的頭髮：「誒，妳有沒有注意到，妳的頭髮不用賺就有了？」

女兒說：「真的吔。」

我說：「有沒有注意到，妳的皮膚不用賺就有了？」女兒點點頭；我說：「有沒有注意到，空氣不用賺就有了？」女兒點點頭；我說：「有沒有注意到，水不用賺就有了？」女兒點點頭。

女兒說：「妳是要告訴我雖然颱風阻礙了我的計畫，我仍然要心懷感恩嗎？」

我說：「我想說的是我們的注意力都放在沒有，反

倒是看不見啥事都沒幹就已經擁有的。難怪我們會覺得好窮、好不順利。」

當你覺得自己很衰、不順遂，可以試著這樣做：

①問自己，發生了什麼事讓你不開心。

②這件事給你什麼感覺？

③如實接受這些感覺，回到呼吸，感受到安定。

④從目前的生活中找出三件好事，感謝它們的存在。

我們的大腦有一部分是管有沒有達成目標，有一部分是觀察整體。社會給了我們好多潛規則與期待，讓我們忙著關注自己沒有達成的。如果把眼睛放在無差別地觀察整體，其實我們原本就是豐盛的。

當你看到的是「沒有」，那你就沒有。

當你看到的是「有」，那你就一秒變豐盛了。

—連結❹—

前世的仇人

當你和一個人關係特別緊張時，
可以想想，是否對他有某種角色期待？
當他不符合期待時，情緒於是油然而生。

某天演講時，有讀者特地提早到現場找我諮詢，因為她和女兒之間的相處出了問題。

讀者說：「老師，妳相信有宿世之業嗎？」

我說：「相信啊。」

讀者說：「我到哪裡人緣都很好，唯獨我女兒似乎一生下來就為了和我作對，這世是來尋仇的。」

我說：「妳可以舉個最近發生的例子嗎？」

讀者說：「昨天我們去吃到飽餐廳，因為她愛吃蝦，而蝦子又很搶手，一出來馬上會被搶光，所以我看到廚房送蝦出來，便好心提醒她：『趕快去拿，慢了拿不到。』她卻偏要慢條斯理地吃眼前的食物，故意不聽，我看了覺得煩，乾脆去幫她拿，可是跟她盧來盧去的過程裡，檯面上的蝦子早就一隻也不剩。

「我很不高興，忍不住唸她：『妳就是這樣慢吞吞，要有能力放下手邊的事情，抓重點、搶時間，否則會一事無成……』結果，她竟然什麼也不說，站起來自顧自離開餐廳。

「每次都這樣，一說她什麼，就馬上走人。妳說，她是不是我前世的仇人？」

我說：「可以說說看，妳覺得她是前世仇人的點在哪裡嗎？」

讀者說：「我是她媽媽，總是要教她吧？講一下就奪門而出，以後要怎麼辦？會不會被網友拐走？」

我點點頭：「我懂了，妳擔心這個孩子不受教、不聽妳的話，以後會走歪路。」

讀者說：「是。」

我說：「我釐清一下狀況，如果今天妳是和十年不見的朋友見面，妳知道她愛吃蝦，蝦剛出來，妳提醒了她，可是她還在吃自己那一盤，沒有去拿，妳會怎麼樣？」

讀者說：「就算了。」

我說：「為什麼？」

讀者說：「大家十年沒見，開開心心比較重要，重點不是吃。」

我說：「妳和女兒吃飯，是為了聚在一起開心嗎？」

讀者說：「當然啊，要不然在家裡吃就好了。」

我說：「有沒有可能為了大家開心吃飯，女兒不去拿蝦就算了？」

讀者想了一下：「很難吔，她是我女兒。」

我說：「為什麼是女兒就很難？」

讀者說：「我是她媽媽，我要教她啊。她又不是我朋友，我管不到我朋友該怎麼做。」

我說：「妳點出原因了。」

讀者說：「什麼原因？」

我說：「角色。對不同的人，妳有不同的互動規則與角色期待。對女兒，妳認為要馬上指正，而且一定要聽妳的話。我很好奇，當妳每次開始說她時，有預想到她可能會跑掉嗎？」

讀者說：「有。所以現在我都叫老公去講，如果出自我老公的嘴，她就會聽下去。昨天算是擦槍走火啦，我被氣到才忍不住飆了幾句。」

我說：「很好的覺察。妳有發現當自己狀況不佳或挫折時，容易克制不住自己。下次拿不到蝦的時候，妳覺得可以怎樣讓自己舒服一點？」

讀者說：「像妳文章說的那樣，接受自己很生氣，然後去做讓自己舒服、能掌控的事。」

我說：「像是什麼事呢？」

讀者說：「拿冰淇淋。那時候大家都還沒吃飽，沒人在排熱門冰淇淋。」語畢，我和她都大笑了起來。

看見當下那個活生生的人

讀者接著說：「所以我能和別人維持好關係，跟女兒卻像是前世仇人，是因為我認為女兒就是要聽話，不聽話我會生氣。可是這真的很難。老師可以教我如何跳脫對女兒的角色期待嗎？」

我問她：「妳看過我的書，妳認為我和小孩關係好的祕訣是什麼？」

讀者說：「放手。她不想拿蝦就不要拿，把她視為獨立的個體。」

我說：「沒錯，把她當作一個活生生的人，不因為她的女兒身分而衍生出過多期待，導致期待落空的憤怒與失望。」

讀者說：「當作一個活生生的人，是什麼意思？」

我問她：「試著想像回到那個現場，妳看到女兒在做什麼？」

讀者說：「正吃著她眼前那一盤食物。」

我說：「吃得開心嗎？」

讀者說：「應該是開心吧？她不想站起來。」

我說：「把她當作一個活生生的人，如其所是地看著眼前這個人，她是開心吃著眼前食物、不想站起來的人，而非不乖、不聽話的女兒。」

讀者說：「對吔，用不同視角的確會不一樣。當時如果我想著，她吃得好開心喔，那我會覺得妳開心就好，蝦子還會有；但當時我只想著，妳就是不聽我的話，所以吃虧在眼前，果然蝦被拿光了吧。」

我說：「是的，**我們的腦袋經常活在過去和未來，因而看不到當下那個活生生的人**。」

讀者點點頭，繼續問：「難道我都不能教她嗎？」

我說：「當然可以。用身教吸引她吧。事後聊天時，可以說說妳的觀察，發現她和妳不一樣，好奇地探問為什麼她愛吃蝦、卻不站起來拿蝦？心平氣和、開放各種可能性地提問，也許妳會聽到意外的答案呢！」

我們經常會戴著「過去與未來的眼鏡」，觀看當下這個活生生的人，使得眼前之人失真了。當你和一個人關係特別緊張時，可以想想，是否對他有某種角色期待？當他不符合期待時，情緒於是油然而生。

試著活在當下、試著把對方當作一個人，而不是你的誰，或許會因為少了期待失落所帶來的緊張，兩人關係因而改善。

—連結❺—

愛你本來的樣子

每個人都是獨立的個體，
無論你的感覺是什麼，你所感受到的即是真。
沒有誰對，也沒有誰錯。

晚上十點多，我窩在沙發上聽兒子說故事，他一邊摺衣服、一邊講起美國有班22路公車，當遊民感到寒冷不安時，會花兩美金搭上這班車，在有暖氣的車上好好睡一覺。抵達終點站後，再走到對街，搭另一輛回程的

22路公車，繼續在所謂的「Hotel 22」度過漫漫長夜。

此時女兒夜讀回家，加入我們的話題，原來剛剛搭捷運時，有位男子眼神猥瑣地把她從頭到腳打量一遍，嚇得她連忙下捷運。她憂心忡忡地說：「這麼不安全，以後該如何在台北的夜間街頭行走？」我和兒子安慰了她一下，又聊到別的事情去。

女兒感覺受傷了，好像我們不在乎她，難過地說：「你們都覺得我大驚小怪，沒辦法接受這樣的我。」儘管我一再解釋，真的相信她受到了驚嚇，幸好沒有出什麼事，所以我們才沒有多放心思。但怎麼說都無法讓女兒相信她是被理解接納的。

隔天早上起床前，我的腦袋閃入各種念頭。先是學生送我的《愛你本來的樣子》繪本；然後出現另一個場景，我的同事在火車上被一位陌生男子告白，說他已經欣賞她很久了，同事嚇得立馬逃下車。到辦公室之後，她氣到亂摔文件，我們還不識相地說，如果我們被告白一定爽死了；最後出現的場景則是我念五專時，收到男生寫給我的情詩，內容大約是他對我朝思暮想、魂牽夢縈，在別人眼中不過是一首極平常的詩，卻把我嚇得魂不守舍，再也沒辦法參加與這個男生同在的社團。社團同學都覺得我很誇張，又沒怎樣，一定要給人家難看嗎？

剎那間，我終於懂了女兒的憤怒。被陌生人告白、收到一首情詩，不僅僅是一個行為，而是原來有人觀察我好幾個月了，原來有個陌生人一直把我放在腦袋裡翻來覆去地想。

女兒出門上班前，我跟她道了歉：「我昨天很糟糕，沒有真正了解妳的心情。妳的感覺是真的，覺得被威脅就是被威脅，沒有什麼大驚小怪的議題。

「我們都會有個迷思，覺得又沒發生什麼事，幹麼大驚小怪。我忽略了有些人，像妳，就是有天賦在事情發生前，覺察別人的起心動念，在別人覺得事情不對之前就開啟警報器，採取防範措施。

「這個世界有很多人是發生了事情才去解決，甚至是明明都發生了，仍然不知不覺。所以需要像妳這種在事情發生前就有感知，並且採取行動的人。

「我愛妳本來的樣子，妳的感受絕對不是大驚小怪。況且，就是因為妳有很強烈的感受，所以才那麼善體人意，經常會主動做一些事情讓大家不去經歷難受的後果。

「我是心疼妳因這個敏感的天賦而受苦，昨天才會說出那麼不敏感的話，沒有照顧妳受到驚嚇的心情。」

女兒說：「我昨晚會那麼難過，是因為感受到自己不被接受。因此即使感覺到妳盡力想安撫我，但過去那個一直被說太敏感的回憶被勾起，所以一時也放不下。」

每個人都是獨立的個體。無論你的感覺是什麼，你所感受到的即是真。愛你自己本來的樣子，愛他人本來的樣子，沒有誰對，也沒有誰錯。

讓我們試著了解、接受與照顧彼此的感受與想法，一起協調出讓彼此都舒服的方法。

正念小故事 8

專注的愛

在忙碌的工作中，接到朋友聯絡，希望我能去演講。第一時間各種念頭升起：我牆上的研究藍圖好不容易才起了頭，想快點完成；我想廢、想玩、想在床上滾滾；盡我所能挺朋友，是我對自己的期待。

沒想太久，對朋友的愛還是大於一切，尤其她自身有大學的研究壓力，還要主持活動，家裡也有三個小孩要顧。支持她是我起碼能做的。

敲好演講時間，我問她是怎麼兼顧所有的事，她的回答一秒把我所有糾結都打開了：**要練到無條件的愛，愛自己的各種發展**。

聽到這句話時，霎時像是有天使在頭頂上唱歌，了解到我的糾結皆源自「只能選一個」的信念。

我知道聽起來不可思議，人的能力是有限的，怎麼可能都愛？

愛的力量很強大，就像你生了三個小孩，你不會說，我只有一份愛，生了三個我每個就給他們三分之一；而是長出更大的愛。愛的力量很專注。不去懷疑，不去回想過去，擔心未來，時間反而變成虛幻了。

我最愛的影集是《實習醫生》，其製作人有三個小孩，她製作過的節目在全美叫好又叫座，需要承擔的壓力自然不小，她卻還經常同時間製作數個節目。這種高壓環境下，該如何兼顧工作與家庭？

她說，就算手上有幾百件事要忙，全世界都追著她要東要西，但是當女兒說：「媽媽陪我玩。」她會選擇好好地跟女兒一起玩，彷彿全世界只有她和女兒存在，那般專心致志地玩。「全心全意」的能量非常大，當她女兒「飽」了就跑去做別的事。歷時十五分鐘。

品質好的相處勝過大把時間無心的相守。已經來到我們生命中的，就好好愛它，無條件愛自己的各種發展。只要專注，愛的力量可以強大到足以支持我們照顧好來到我們生命中的人事物。

連結❻

原來，愛並非理所當然

無論是大大的事、還是小小的事，
當我被放在心上，而我不將之視為理所當然，
那我就感受到被愛了。

和弟弟一家去河內旅行，我與姪女、女兒睡一間房，躺在床上亂聊，兩個女生聊到：「妳怎麼知道一個人是愛妳的？」

女兒說：「我從小就覺得我媽對每個人都一樣好，感受不到她是愛我

的。」

一聽之下，我差點從床上跳起來翻桌：「拜託！如果不愛妳，妳說想去南極，我怎麼會四處打聽有沒有船可以載妳去？如果不愛妳，妳國中想去上海世博，我怎麼會去跟學校吵架，硬是幫妳請假一週達成心願？」

女兒舉起手來阻止我繼續說下去：「沒有，這些都沒讓我覺得妳愛我，可是不要緊張，我現在覺得妳愛我了。」

我問：「為什麼？」

女兒說：「因為有時候我躺在沙發滑手機，就算我頭髮油油的，妳也會抱著我的頭親一下說：『哎，怎麼這麼喜歡妳。』有時我剛睡醒醜醜的，妳會認真端詳我然後說：『唉唷，我怎麼那麼會生，生出這麼可愛的小孩啊。』

「所以我知道妳愛我。」

原來我不用摘天上的星星，也不用給金山銀山，只要好好欣賞與感恩眼前這個存在，他就知道我愛他了。

這段對話讓我開始觀察，自己是如何知道對方愛我的？

兒子拿著全新二代 AirPods 說：「跟妳換。」換走了我續航力已經只剩一小時的第一代 AirPods，我知道他是愛我的。

我怕熱，睡一種特殊床墊叫「chiliPAD」，這個產品讓怕熱的我涼爽好睡，但需要保養，我哥會幫我準備好醫療用雙氧水，方便我保養機器，我知道他是愛我的。

當我家只有我一個人在賺錢時，我弟弟為了護住我的自尊心，會假借要我的兒子、女兒幫他照顧孩子，出錢帶我的孩子們去滑雪，我知道他是愛我的。

當我獲選本校優良導師，回想起當初申請時，系主任把申請文件退給我好幾次，要我修改得更好，她說：「我昨天一邊炒菜一邊想，怎麼改才能讓妳脫穎而出？」聽她這麼說，我的心跳漏了一拍：「主任都回到家忙著炒菜了，還掛念著我的申請文件？」後來她找來了解我的同事，三人合力寫了推薦，讓我順利當選。這個過程中，我知道他們是愛我的。

對我而言，什麼是愛呢？

無論是大大的事、還是小小的事，當我被放在心上，而我不將之視為理所當然，那我就感受到被愛了。

但如果我認為我把兒子養大成人，他送個3C產品給我是應該的；我哥哥在醫院工作，取得醫療用雙氧水只是舉手之勞；或是我弟弟本來就賺很多錢，那些錢對他不過九牛一毛；甚至是那些同事我以前也挺過他們，現在幫我也是應該的……懷抱著這些想法，那我大概不會覺得被愛，而是自己一個人孤零零地活在世界上。

活著即是恩典

而後，姪女和女兒又聊起彼此的父母（也就是我和我弟）不可以踩的痛點。女兒說：「幾乎沒有什麼事會惹惱我媽，除非晚上十一點後還沒消沒息，不見人影。」

姪女說：「也幾乎沒有什麼事會惹惱我爸，除非晚上十一點後還沒消沒息，不見人影。」

女兒轉頭問我為什麼，我說：「對我而言，發生什麼事都沒關係，活著就好。沒消沒息便踩到我的最後底線了。」

稍晚，我和弟弟、兒子聊天，我問了弟弟同樣問題，結果他的回答和我一模一樣。接著，我們每個人輪流講與死神擦身而過的經驗。

兒子說：「有次要救溺水的人，結果那人死命拖著我，讓我差點一起溺死。」

女兒說：「小時候在蒙特婁參加夏令營，不小心跑到太深的地方溺水，是位高大的加拿大媽媽一把抓起我才得救。」

姪女說：「前幾天騎車，有一陣雷打在我身旁，只差那麼一點就劈到我了。」

我弟弟說：「九二一大地震時，我和越野車隊去救災，房子一棟棟在眼前倒下，落石在身後嘩啦啦傾瀉而下，距離死亡只在那一瞬間。」

我驚訝地說：「原來做父母的就算用盡心力保護孩子，這種生死一瞬間的事情還是會發生。」

我曾經聽過一個故事，有人問了猶太人大屠殺的倖存者，為何碰到生活的不順遂，仍然能夠甘之如飴。這位猶太人說，如果你曾經體會到活著是多麼大的恩典，這些小小的不順遂也就不算什麼了。

有時候我們被困在看兒女不順眼、因瑣事而生的無盡爭辯中，卻忘了站在制高點感恩：**原來孩子的存在與平安不是理所當然。**

如果我們能夠感恩活著是多麼大的恩典，相較之下，小小的不順遂也就不算什麼了。

連結❼

勇於和美好說再見

願意和我們喜愛的人、事、物說再見，
有可能會是一個放手即滿手的歷程。

在正念認知療法的論述中，當你有情緒而沒有好好地經歷它，只是壓抑它、趕走它，你以為它已經消失了，但其實沒有，它只是存在腦子裡或身體的某個區域而已。直到有一天它被勾出來或是裝滿了，那個反撲就排山倒海而來了。

有次女兒去日本，因為她具有的共感體質，讓她在抵達隔天就不知道感染到誰的氣場，全身痛到不得不和我聯絡求救。若是平時在家，她只要來我床上躺，共振一下我的能量場就會緩和下來，但這次她人在日本，所以我們只能透過通訊軟體，我做我的事，陪著她，看看這麼做會不會共振到我的能量場，讓她比較不那麼痛。

後來幾天她都沒消息。但我知道沒消息就是沒事，也就過著自己的生活。只是突然間我發現，我很想念、很想念家裡已經離世的狗 milo。想起那一天 milo 不斷慘叫，醫生說牠的時候到了，問我們要不要讓牠走以免除無謂的痛苦，當下我很快地決定，說好，讓牠走。或許是為了平衡自己下的「殺令」，心理防衛機轉在當下跟著啟動，告訴自己沒有錯，高興小狗可以不再受苦，所以不知不覺壓抑了悲傷的情緒。

然而這兩天，我忽然間注意到沙發上，那曾經被牠窩到凹下去的地方，心中浮起悲傷。接著又注意到，家裡每道門被牠抓得花花的地方，悲傷更是大量湧現。想起神經科學的理論說，同一類的人事物，都會被儲存在同一區——兒子和我的關係像同儕，很多事他都能自己處理，所以被我的腦袋歸類在不須掛心區；但女兒從小得要我和前夫輪流陪伴，有時還得動用到前夫當時的女朋友幫忙，我猜想我的腦袋，把女兒歸類到需要掛心的「寵物區」了。

因此這次女兒在日本狀況不佳，便啟動了我的寵物區，打開了我悲傷的閘門，也才真正經歷了我對 milo 的想念。

感謝我的防衛機轉把戒心放下來，不再過度保護我，讓我可以抓住這個悲傷湧現的機會，練習用一個慈愛、允許、陪伴、好奇的心情，來陪伴我的悲傷，讓它知道把情緒表現出來是OK的，進而也改變了我和悲傷之間的關係。

人的一生會經歷很多情緒，像是不被選擇、不被疼愛、不被重視。而人為了自我保護會啟動防衛機轉，把受傷的情緒藏在內心的冰山底下，讓你以為自己忘記了，甚至真的不記得有這件事。但是在某個契機，碰到有個長得類似的人，或有件類似的事發生，這個情緒就會重新浮現，這也就是為何你會莫名地憤怒或悲傷。這些情緒是正常的，不需要害怕，也不需要想著快點逃走，或企圖用食物、狂歡的方式把它壓下去。

因為，它只是浮上來了而已，不會傷害你。當它覺得夠了的時候，自然就會離開。如果它不離開，至少你和它的關係也有轉變，它不是敵人，而是一個告訴你「噢，我還好痛」的訊息而已。

迎向新的可能性

「失去」，是很多人內心不敢碰觸的議題，就像我對 milo 的情感壓抑。這個中秋假期，一對朋友夫妻來訪，過程中聊到恐懼失去的議題。先生說：「我覺得我太太是足以看清這個世界可能和手遊一樣，是場由意識所創造出來的遊戲。但只要再深入討論，她就會停止，執著在怕失去這個、失去那個。」他的太太是我的學生，母親離世時我曾在她身邊，因此能夠理解她的恐懼，我對她說：「妳喜歡怎麼詮釋這個世界都好。這世界是真的或是假的都沒關係，但是如果有恐懼擋在眼前，讓妳不願意看到真相，那麼這個恐懼就值得探索了。」

太太說：「我好怕萬一看清楚，甚至提升了，我所愛的人就會因為任務已完成，然後就死掉了、離開了。」

我說：「可以感覺妳很恐懼所愛的人離開。我也有類似的恐懼。妳說害怕看清楚一切皆虛幻，所愛的人就會因為完成任務，死掉、離開了。我認為這個假設是不合理的。就如同爸爸、媽媽曾因孩子而吵架，後來因為種種原因離婚了，孩子以自我為中心堅信父母離婚都是他的錯一樣，是不合理的。我並不認為會因為妳個人勘破了什麼導致所愛的人死去。

「另外因為害怕失去，有可能會讓我們把所有的力氣，都用在害怕及維持那個快樂上，無法去探索其他的可能性。讓我們想像，當妳真的勘破這個世界可能和手遊一樣，只是一場由意識所創造出來的遊戲，那麼既然勘破，你也就不會失落了。即使不去探討形而上的思辨，就從觀察生活中的大小事來看，我認為願意和我們喜愛的人事物說再見，是個放手即滿手的歷程。」

「好比一個人認為吸菸的儀式帶給他安全感，那要他戒菸等於是剝奪他的安全感來源。但只要他願意，經過一段時間的掙扎與痛苦，他終究可以免於肺癌的威脅、免於搭飛機擔心自己菸癮犯了的恐懼，只要他願意放下吸菸所帶給他的安全感，這就是一個放手即滿手的歷程。就像我放棄吃碳水化合物的經歷，曾經蛋糕、米飯、麵帶來的愉悅是如此巨大，讓我無法想像沒了這些食物活著還有什麼意義。但最終我下定決心，放棄吃蛋糕、米飯、麵所帶來的愉悅，經過數週發抖、流鼻水等像是戒毒的過程後，我終於不再受到因糖尿病而有瞎眼、截肢、心血管疾病的威脅了。」我繼續說。

從這兩個例子，**我們看到如果能在快樂的時候，全心全意地與快樂同**

在，到了該說再見的時候也願意放手，那我們所迎來的極有可能是放手即滿手，一個更寬廣的世界。

這個道理說來容易，做起來很困難。女兒曾跟我分享過一句話：「明晰就是愛。」所以，雖然我很難想像兒女們搬出去後，失去了他們所帶給我的快樂，我的生活會變成什麼樣子。但理性上我還是知道他們離家後才會真正獨立，而我也才能擴展生命其他的可能性。

明晰了這個道理，**為了愛他們，為了愛我自己，我仍願意在時機成熟時，對這個快樂來源放手，迎向新的可能性**。如同去改變長久以來的信念與習慣，畢業、分手、離婚、離職、出國、離家、死亡，這些放手即滿手的歷程，其實就在我們的日常中。

—連結 8—

接受，會引領你做最好的決定

接受是醫治內心折磨的良藥，
所帶來的平靜會引領你做出最好的決定。

么妹在家裡排行最小，一個月前驟失父親。

么妹說：「我努力打起精神工作，但總覺得自己還困在失去爸爸的悲傷漩渦裡，爬不出來。身上也長了好多疹子，創傷治療的老師說那是排除情緒的疹子，要我覺察自己，允許自己。我覺得好抽象，聽不懂也不知道怎麼幫助自己。可以請老師給我具體建議嗎？」

我說：「失去父親是很重大的事件，生命中如此重要的部分離開妳了，而且才一個月，妳一定會悲傷，也必須悲傷，就接受自己很悲傷吧。至於什麼叫『允許自己』的確很抽象，我講兩個例子給妳聽。

「前幾天，我媽媽忽然失聯了，其實她是跟同學去貓空玩，但我不知道。光是當下隨意丟在家裡的手帕、錢包，平常穿的鞋沒穿出去，就讓我的腦子裡開始上演小劇場，想像著她爬出大門呼救，被路人送到醫院急診了。但理性上，我又知道媽媽可能是跟同學出去玩了，或許等等就會回來。可是焦急的心情讓我什麼事都不能做，我想著得趕快轉移注意力，否則實在是太難受了。

「奇怪的是，我越是想要轉移注意力讓自己冷靜，就越焦急，而且越努力就越難受……忽然間，我意識到正念認知療法講的『越想趕走情緒越會留住情緒』，於是我就用正念認知療法說的『接受』，接受自己很焦急，告訴自己我可以焦急。就在接受自己焦急的那瞬間，忽然地，我就輕鬆很多。

「但事實上，焦急並沒有離開我，它一直跟著我，直到我找到媽媽。但是當我接受自己可以焦急時，這個情緒給我的衝擊力道小了許多，彷彿從高聲尖叫降低到嗡嗡作響。我還可以上課，我還可以吃東西，我還可以做事情。但當我想要趕走焦急的時候，反而什麼事情都不能做。

「另外一個例子，是有位正前往西藏天葬場的網友，傳訊息說他無法克制地眼淚直流，覺得不應該這樣，生死不是很正常的事嗎？怎會這樣流淚？問我該怎麼辦。我說，就接受自己想要流淚——眼淚要流下來，就讓它流下來吧。過一會兒，網友又傳訊息，說當他允許自己流眼淚後，很神奇地，想哭的感覺就停止了。我不是說接受情緒以後，情緒就會沒有了；而是**當你允許自己有情緒**，**就不須用盡力氣把自己的情緒壓下去**，**因此你的情緒也不需要找出口**，**從皮膚或是其他地方發出去了**。」我繼續說完。

么妹說：「爸爸走得很突然，治喪事宜大部分是我在處理，所以我不敢讓自己情緒崩潰，怕腦袋不清楚，沒辦法處理好事情。就像老師說的，我真的沒有接受，也沒有允許自己悲傷。除此之外，我還認為自己在醫院工作已經看透生死，不應該對人生無常還有情緒。」

我說：「妳看，我自己在教正念，發現媽媽失聯，心中焦急，第一時間也是本能地想屏蔽掉不舒服的感覺，和學過的正念完全連不到一起。慈悲自己，我們不過是人啊。」

么妹問：「我該如何具體地慈悲自己呢？」

我回答：「想像妳內心有一個想念父親的小女孩，告訴她，妳可以哭，妳可以難過，沒問題，我在這裡和妳在一起，這樣就好了。接受自己可以傷心難過後，盡可能地按時起床，按時吃飯，按時工作，按時做平常會做的事，這不是為了轉移注意力，而是要告訴妳的內心，雖然爸爸走了，但妳還擁有很多，妳是安全的。接受自己是難過的，如常地吃，如常地睡，也接受疹子，它正在釋放妳的悲傷，謝謝它。」

么妹問：「所以我不用去理這些疹子？創傷老師叫我讓疹子自由發展，不要用藥，但先生一直想要我去看醫生。」

我說：「就醫沒問題，反正妳已經抓到訣竅了，就是接受，和先生硬槓不過是又多了層壓力。接受用藥，接受悲傷，接受先生的好意，接受現代醫學給我們的禮物，讓我們免除癢與痛的折磨。」

接受是醫治內心折磨的良藥。

當你接受來到生命中的苦難與好意，便不需要如螳臂當車般耗盡心神阻擋該發生的，而是讓它如其所是。至於該如何回應苦難與好意，**接受後所帶來的平靜會引領你做出最好的決定。**

如實地展現脆弱

回到日前我八十多歲媽媽失蹤的事，當天，媽媽曾經按老人手機背後的緊急電話鈕給弟弟，但是沒聲音；後來又接到一通媽媽打來的電話，一樣是沒聲音。弟弟和弟妹覺得不對勁，便衝到媽媽家一探究竟。看到手帕放桌上，包包沒帶，平常穿的鞋沒穿出去，就開始找人了。

打遍各醫院的急診室，找不到人；撥電話給親戚，也是找不到人。所幸到了傍晚，媽媽回家了，原來是和同學去玩。媽媽解釋，早上的無聲電話是誤觸，沒穿常穿的鞋和帶手帕，是因為要登山，所以換了行頭。

小時候我常晚歸讓媽媽等門，這次算是體會到以前折磨媽媽，還覺得她大驚小怪的報應了。所幸媽媽把我教得很好，找到人後，我勒住舌頭，不急著追問怎麼不接電話，畢竟媽媽已經很不好意思了，問了也是廢話。

我安慰媽媽說，這次的驚魂也是有好處的——她終於同意我們買

iPhone、Apple Watch 給她。

我在學校上課接到這消息時，原本不想影響學生，但還是崩潰地如實表現出「好擔心」。學生很體貼地讓我在課堂上接電話、回訊息、想辦法，也希望我能告訴他們後續發展，讓我感到學生的支持與愛。

這個經驗回應學生報告時放的一段影片——一位媽媽說，以前她把注意力放在孩子身上時，親子關係非常劍拔弩張。自從她把注意力放在自己身上，如實地對孩子展現脆弱，彼此關係就改變了，孩子變得體貼，和媽媽也更有話講。

原本我擔心自己像真人實境秀把自家的事和軟弱，暴露給學生看不妥。看了影片加上收到學生的關心，我發現這位媽媽講的是真的。透過真實呈現老師的軟弱，學生並不會覺得困擾，反而能把愛與關心送給我。

連結❾

伸出手，是給也是得

助人當下所獲得的學習、成就感與幸福感，
對我而言就已經滿溢了。

在幼兒園當老師的導生「來我家，談起經常會碰到家庭狀況不好的小孩，頭髮又酸又臭，衣服亂穿厚薄不合宜，家長會忘記來接等等，有時候會感到很無力，覺得再怎麼救也救不完，努力了也沒用。

面對這種「救不完」的無能為力怎麼辦？我想起在加拿大曾修一門

課，我的老師問大家，成千上萬的魚發瘋似地往岸上拚命游而擱淺，唯有把牠們送回到海裡才有希望救活，這時候，你該怎麼辦？

當時同學們想出了各式各樣的答案，譬如：

- ✓**能救多少算多少。**
- ✓**救最靠近你的那條魚。**
- ✓**救你順手抓得到的魚。**
- ✓**救能力範圍舉得起來的魚。**
- ✓**太累了要去休息，才能夠繼續救。**
- ✓**沒有能力救時要放下，會有和牠們有緣分的人來救牠們。**

我告訴在幼兒園當老師的導生，現在，每當我被無力感籠罩時，心中就會浮現這些答案，支持自己繼續做下去。

另一位導生問：「老師為什麼願意助人呢？是宗教的關係嗎？」

於是，我用一個故事來回答：

大雨中，有車子在路邊拋錨，你開車經過看到了，而你在車子裡很舒適，去幫忙則會淋濕自己，你會願意下車去幫助他人嗎？

對我而言，之所以願意離開舒適的車子走入大雨，不為什麼，單純覺得若能幫到忙自然最好，幫不上忙至少也陪伴了對方，這樣就夠了。況且，無論有沒有幫上忙，我都會受益良多。過程中，還能學到很多以前不知道的事情。

這讓我想起在新竹教書時，曾在路上看到一位女生出車禍，連人帶車倒在路中央。我趕緊叫救護車，並緊緊握住女孩的手說：「我在這裡，妳不要怕，我會保護妳。」她無意識地回抓住我，我告訴她：「我得放開妳的手，因為很多車子經過這邊，我要去幫妳擋住車子。」

1 「導生制」是指個別學生或一組學生接受單一教師輔導教學或有特定對象的個別輔導教學的方法（引自國家教育研究院）。

現在想起來很白痴，我就一個人站在馬路中間，張開雙臂擋車子。交通警察來了以後搖搖頭說：「一定要用肉身擋嗎？妳可以把車子打橫，一樣可以擋住來車啊！」

是啊！我怎麼沒想到？因為出手幫忙，我學到了一課。

後來，我在日本愛知教育大學訪問時重病，沒辦法呼吸。大家還在討論要怎麼辦，國際中心高木小姐生氣地大罵：「人都快死了，你們還在吵要送哪裡！」於是強硬地做了決定，立馬帶我去醫院。這在日本有點不尋常，因為日本企業文化的決策是一層一層往上呈遞，通常是大老闆說了才算數。而且就算上層長官做出裁決，極有可能已經耽誤了時間。

在醫院裡，這段等待的漫長時間，高木小姐一直握著我的手。

不曉得這算好心有好報嗎？無論如何，我很確定當初握住那位昏迷小姐的手時，如果她有覺知，應該和高木小姐給我的感受是一樣的，暖暖的、安心的。想到能夠給人一點點溫暖、一點點支持，我都覺得好幸福。

當然，有時候我也會被淹沒在世間的名聞利養，為自己的論文、升等而拚命。但即使心中經常掙扎著時間不夠、沒空寫臉書文章，還是會擠出時間繼續寫，因為讀者們說，看我的文章時，他們會覺得溫暖。

在寫文章和寫論文之間掙扎時，我會怎麼勉勵自己呢？

我們學校的篤行樓是教學大樓，一層樓大約可以容納三百個學生。有三百個人按讚時，我心裡就會有小劇場上演，默默地想：「啊，篤行樓一層樓的燈亮了！」有六百人按讚時，想著：「篤行樓兩層樓的燈亮了！」有一千兩百個人按讚時，想著：「篤行樓四層樓的燈亮了！」有兩千四百個人按讚時，我會驚嘆：「哇，篤行樓八層樓的燈全亮了！」

助人，對我而言不是為了來世的福報，也不是為了得到什麼；助人當下所獲得的學習、成就感與幸福感，對我而言就已經滿溢了。

後記

正正地與你相遇

前一陣子，我媽媽跌倒撞到頭，但她竟然沒有馬上告訴我們，一直到家族聚會時才提起。幸好我家哥哥是醫師，當下判斷應是無大礙，但為了安全起見還是預約了神經外科，由我陪媽媽去看診。神經外科表示，媽媽的狀況很好，但髖骨似乎需要特別檢查，於是又預約了隔日的骨科。

隔天陪媽媽去看骨科，坐在診間外面，我東張西望拉著媽媽的袖子說：「妳看這扇門好漂亮，雖然開來開去的難免有些磨損，但是顏色很耐看。」

媽媽說：「妳最近在研究裝潢嗎？妳這麼忙，連續兩天陪我來醫院，會不會正事都沒做？」

我說：「陪妳來醫院就是我的正事啊。況且，我是跟妳來度假的。」

媽媽笑說：「什麼來度假的，兩個整天就這樣沒有了。」

我跟媽媽說：「這當然是正事啊！工作上的人來來去去，頂多幾年就各奔東西了；現在拚命寫的論文，寫完、登出來，自己也忘了，別人也不會去看。妳說是不是媽媽和家人才是我的正事？況且，妳看喔，我和妳一起來看醫生，只有兩個時候需要用到腦袋，一個是停車，一個就是醫生說話的時候，妳說我是不是來度假的？」

媽媽還是替我覺得可惜，說：「但陪我來醫院也是要花時間，哪裡是度假？」

我又說：「妳看，我坐在這裡，需要用力嗎？需要思考嗎？不需要嘛！所以我就用放鬆、好奇、沒有批評的心情，觀察這醫院的新大樓，然後發現這扇紅色的門很有趣，趕快跟妳講，妳不覺得這樣的心情就像在度假？」

媽媽終於笑道：「也是對啦。」

我繼續說著：「其實我們人會痛苦，都是因為沒有真正地看事情。我學了正念以後才知道，原來我們的念頭都歪到別的地方去了，所以才會覺得這麼累。如果今天我跟妳來醫院，念頭沒有真正地和妳在醫院，想的都是辦公室裡還沒解決的事情，想著還沒回的信件，一直想一直想就用掉了八分力，那才會覺得累。

「這時候，要是我抱怨陪媽媽看醫生很累，那妳就冤枉了，對不對？明明是我自己胡思亂想，沒有把心真正地放在陪伴妳上，結果辦公室的事沒做、信也沒回，也沒有跟妳好好聊天，最後還累了個半死。」我說。

媽媽說：「有道理。就像我不會記恨，也不會想說過去別人怎麼對我，也不會想說以後會怎樣，就認真地好好吃飯、運動和睡覺。我同學常會講東講西，抱怨過去誰怎樣對待她，往往把自己搞得很累。」

我說：「對。**正念就是要把念頭放在當下的人、事、物，沒有端著過去，沒有提著未來**，其實很省力的。像現在許多人一直黏著手機不放真的很不好，明明是全家人聚在一起的時刻，但每個人的念頭都放在手機上，只願和手機密切連結，沒帶手機出門就慌張得要死掉。明明和家人天天在一起，卻還是很疏遠。所以我最喜歡週六回家了，我都不會想要拿手機，因為我很喜歡跟家人一起聊天的感覺。」

有時候我也感到奇怪，明明我們全家人一週只見一次面，每次不超過三小時，平日也不聯絡，但是感情卻非常非常地好。我想是因為，我們彼此不會干涉對方，而是各自把這週有趣的事情拿出來講，或許就是內容好玩又有聽眾，所以注意力才會在人身上，大家都不太會玩手機，除非是要看時間。

說起來，**正念就只是正正地把念頭放在與你相遇的人、事、物上。沒有想著過去，沒有想著未來。**那是一種很省心力的方法，也是一種會促進人際關係的心法。**人的念頭總是會飄離開眼前的事物，沒關係，只要輕輕地把念頭帶回來就好。**

國家圖書館出版品預行編目資料

和自己，相愛不相礙：好好吃飯、好好睡覺、好好愛的正念生活 / 郭葉珍作 . -- 初版 . -- 臺北市 : 三采文化 , 2020.12
面； 公分 . -- (Mind map)
ISBN 978-957-658-452-7(平裝)

1. 修身 2. 自我實現

192.1 109016607

suncolor 三采文化集團

MindMap 219

和自己，相愛不相礙：

好好吃飯、好好睡覺、好好愛的正念生活

作者｜ 郭葉珍
副總編輯｜王曉雯　主編｜黃迺淳　文字編輯｜吳孟芳
美術主編｜藍秀婷　封面設計｜高郁雯　內頁設計｜高郁雯　內頁插畫｜阿 Re
行銷經理｜張育珊　行銷企劃｜周傳雅　內頁編排｜徐美玲　校對｜黃薇霓

發行人｜ 張輝明　總編輯｜ 曾雅青　發行所｜ 三采文化股份有限公司
地址｜ 台北市內湖區瑞光路 513 巷 33 號 8 樓
傳訊｜ TEL:8797-1234　FAX:8797-1688　網址｜ www.suncolor.com.tw
郵政劃撥｜ 帳號：14319060　戶名：三采文化股份有限公司
初版發行｜ 2020 年 12 月 31 日　定價｜ NT$360
3 刷｜ 2021 年 3 月 5 日